Kuno Galter

IM STILLEN TRÄUMEN DEINER DUNKLEN AUGEN

Gedichte

herausgegeben von

Hannes Galter

Bibliografische Information der Deutschen Nationalbibliothek:
Die Deutsche Nationalbibliothek verzeichnet diese Publikation
in der Deutschen Nationalbibliografie; detaillierte bibliografi-
sche Daten sind im Internet über http://dnb.dnb.de abrufbar.

Herstellung und Verlag: BoD – Books on Demand, Nor-
derstedt

ISBN: 978-3-7534-6430-5

Manchmal,

wenn sein Herz

die Größe der Stunde nicht fassen konnte,

griff er zur Feder.

(Großschenk, im September 1943)

A. Kuno Galter

Vorwort

Die Arbeiten an dieser Edition der Gedichte meines Großvaters Kuno Galter haben sich über mehrere Jahrzehnte hingezogen. Es war Anfang der 1980er Jahre, als mir mein Vater Kurt Galter zum ersten Mal Werke seines Vaters zeigte und meinte, es sei schade, dass diese nicht veröffentlicht wären. Die nächsten Jahre vergingen mit sporadischen Recherchen und Übertragungen. Erst als ich 1990 im Nachlass meines Vaters auf mehrere Tagebücher Kuno Galters stieß, begann eine intensivere Arbeit. In der Folge fanden sich zahlreiche weitere Manuskripte bei anderen Familienmitgliedern und in der schriftlichen Hinterlassenschaft des Pfarrhofs von Großschenk. Den größten Zeit- und Arbeitsaufwand erforderte die Übertragung der Tagebuchaufzeichnungen und Gedichttexte aus der Kurrentschrift in eine maschinenlesbare Form.

Ein erstes Manuskript war 2004 fertiggestellt und konnte im Familienkreis verteilt werden. Es folgten mehrere Jahre des Textabgleichs zwischen den unterschiedlichen Versionen der Gedichte auf losen Blättern, in Notizheften, Tagebüchern und Geschenkbändchen. 2008 lag ein druckfähiges Manuskript vor, das allerdings aus Kostengründen und wegen anderweitiger beruflicher Verpflichtungen erst jetzt – mit über zehnjähriger Verspätung – veröffentlicht wird.

Nur ein verschwindend kleiner Teil der Gedichte Kuno Galters erschien bereits in gedruckter Form. Fünf

Gedichte – „Vögleins Lied", „Am Fensterrand", „Trüber Abend", „Frühling, du" und „Schwermut" – wurden 1918 in der Banater Literatur- und Kulturzeitschrift „Von der Heide. Illustrierte Monatsschrift für Kultur und Leben" in Temeswar abgedruckt (siehe Seite 17), das „Schenker Heimatlied" und sein „Fahnenschwur" kamen als Einzeldrucke heraus. Einige Gedichte wurden von Carl Gustav Reich vertont.

Immer wieder fasste Kuno Galter Gedichte zu Geschenkbändchen zusammen, die er seiner Frau, seinen Kindern oder Freunden überreichte: „Freud und Leid", „Glück und Liebe", „Am Alt", „Mondscheingedichte", „Weggenossen und Begleiter", „Goldene Tage". Hierher gehören auch jene Gedichte und Sinnsprüche, die er als Widmung Geschenken voranstellte. Das meiste findet sich aber in seinen Notizheften und Tagebüchern. Kuno Galter schrieb in der Regel abends oder nachts in den Tagebüchern. In diese übertrug er auch Gedanken und Texte, die er tagsüber formuliert und in Notizheften oder auf lose Zettel notiert hatte, darunter auch die meisten seiner Gedichte. Sie erhielten in den Tagebüchern bereits eine endgültige Form ohne Streichungen oder Verbesserungen und sind meist exakt datiert. Viele Texte finden sich zusätzlich – manche ausschließlich – auf losen Blättern. Es handelt sich dabei einerseits um aufgelöste Notizhefte bzw. lose Notizzettel mit Rohfassungen der Gedichte voller Ausbesserungen und Neuformulierungen, andererseits um Briefchen bzw. Briefteile mit Versen. Das war die Form, in der Kuno seiner späteren Frau Jinni Liebesgedichte zukommen ließ. Die Originalmanuskripte befinden sich heute alle in Familienbesitz in Österreich, Deutschland und Siebenbürgen.

Für diese Edition wurden Orthografie und Zeichensetzung den derzeit geltenden Rechtschreibregeln und der Textgestaltung angepasst, offensichtliche Rechtschreib- und Grammatikfehler korrigiert und die Unzahl der Gedankenstriche und Rufzeichen reduziert. Abkürzungen (K. für „Kerz", J... für „Jinni" u. für „und" etc.) wurden ausgeschrieben, Zahlen (3, 5, 6, etc.) durch Worte (drei, fünf, sechs, etc.) ersetzt und die römischen Monatszahlen in Monatsnamen umgewandelt. Bei Textvarianten habe ich die verwendet, die Kuno Galter schließlich bevorzugt hatte (z. B. in Geschenkbänden oder Tagebüchern gegenüber Notizheften oder losen Blättern). Wo das nicht möglich war, wurden jene gewählt, die (allerdings nach heutigem Empfinden) dem Kontext oder dem Rhythmus am besten entsprechen.

Dem ausdrücklichen, schriftlich geäußerten Wunsch Kuno Galters entsprechend finden sich die Texte aus dem Zyklus „unser Fritzel", in dem er 1926 den Tod seines damals dreieinhalbjährigen Sohnes verarbeitete, nicht in dieser Edition. Desweiteren wurden einige sehr frühe Werke, Gedichtfragmente ohne größeren Textbestand, Gedichte, deren Autorenschaft nicht gesichert ist (Kuno Galter hat des Öfteren Lyrik niedergeschrieben, die ihn beeindruckte, manchmal auch ohne Nennung des Autors) sowie Texte, die er eindeutig verworfen hat, nicht aufgenommen.

Mein herzlicher Dank gilt meinem Vater Kurt Galter (1920-1989) für seine Vorarbeiten und seine Ermutigungen zu diesem Projekt, seinen Geschwistern Dorle Mühlsteffen und Karl Heinz Galter (1926-2019) für ihre Hilfe und Unterstützung bei den Recherchen und meinem Cousin Dietrich Galter für einen unvergessenen Tag im Hühnerstall des Pfarrhofs von Neppendorf auf der Suche nach Manuskripten.

Hannes Galter

Inhaltsverzeichnis

Biographisches

Adolf Kuno Galter wurde am 14. Dezember 1891 in Neustadt bei Kronstadt geboren, als siebentes von neun Kindern des Prediger-Lehrers Adolf Peter Galter und seiner Frau Katharina Adelheid, einer geborenen Porr, Er entstammte einer kinderreichen Burzenländer Familie, deren Spuren nach Nußbach und Rothbach bis an den Beginn des 18. Jahrhunderts zurückführen.

Nach Absolvierung der Volksschule in Neustadt und des Honterusgymnasiums in Kronstadt besuchte er die Lehrerbildungsanstalt in Hermannstadt. Nach seinem Abschluss im Jahr 1911 kam er mit 19 Jahren als Volksschullehrer nach Kerz am Alt. Die große Geschichte des Ortes als Sitz eines bedeutenden Zisterzienserklosters im Mittelalter (1202-1474) und Geburtsort des sächsischen Volksdichters Viktor Kästner (1826-1857), übten eine starke Wirkung auf den jungen Lehrer aus.

 Dort lernte er auch die Pfarrerstochter Regine (Jinni) Karoline Reich (* 12. August 1895, † 4. Dezember 1967) kennen und lieben. Doch Jinni wollte anfangs nichts von ihm wissen. Ihr Wunsch war es, Lehrerin werden. Sie absolvierte das Lehrerseminar in Schäßburg und übernahm am 1. September 1914 eine Lehrerstelle in Kerz. Kunos Tagebuchaufzeichnungen von 1914 sind voll von jugendlich-romantischer Todessehnsucht, Heldenträumen und Soldatentum als Alternative zu seiner unerfüllten

Liebe. Schon im nächsten Jahr führte die Lehrtätigkeit Jinni nach Heldsdorf und erst im Frühjahr 1917 zurück nach Kerz. Die beiden heirateten am 10. Oktober 1917 in Neustadt.

Zu Beginn desselben Jahres wurde Kuno Galter ordiniert und für einige Jahre Prediger-Lehrer (in seinem Lebenslauf steht „Volksschullehrer") in Großschenk. Dort kamen auch drei der fünf Kinder zur Welt: Kuno (1919), Kurt (1920) und Fritzel (1922).

Am 6. Mai 1925 wurde Kuno Galter als Pfarrer nach Freck berufen. Dort kümmerte er sich nicht nur um die Reno-vierung und Neuausstattung der Kirche, um die Neuge-staltung des Gemeindelebens und um die Pflege von Kir-chen- und Volksmusik. Er unterrichtete auch in der Volksschule und rief gemeinsam mit Konrad Möckel den vom Gedankengut der Berneucher Bewegung getrage-nen „Frecker Kreis" ins Leben, der nach neuen Formen eines geistlichen Zusammenlebens suchte. „Er war ein Hellhöriger zum Himmel hin", wie Hans Konnerth in sei-ner Leichenpredigt für Kuno Galter sagte. Daneben ent-standen in diesen Jahren auch seine ersten ökumeni-schen Kontakte zu orthodoxen und katholischen Geistli-chen. 1926 starb Fritzel Galter kaum vierjährig an einer Hirnhautentzündung in Neustadt. In der Folgezeit kamen zwei weitere Kinder zur Welt: Karl Heinz (1926) und

Anna Dorothea (1930). Kunos Naturliebe äußerte sich in seiner Imkerei und seinen Vogelhäuschen. Daneben blieb die Liebe zu Ästhetik, Literatur und Musik ein bestimmender Teil seines Lebens. Er stand dem Gedankengut des „Wandervogels" sowie der „Singbewegung" nahe und begleitete Regine, die auch als Sopran-Solistin bei Aufführungen des Bachchores unter Franz Xaver Dressler auftrat, am Klavier.

Am 21. März 1934 wurde Kuno Galter zum Stadtpfarrer von Karlsburg gewählt. Die Stadt stellte ihn vor neue Aufgaben. Er organisierte Kindergottesdienste und hielt Kontakte zum katholischen Bischof.

Doch schon fünf Jahre später, am 22. Januar 1939, kam es zur Versetzung nach Großschenk. Es war die Zeit des Kirchenkampfes im Umfeld lokaler nationalsozialistischer Agitationen. Da eine freie Pfarrerwahl in Großschenk auf Grund der Uneinigkeiten in der Gemeinde nicht durchführbar und die Stelle drei Jahre lang verwaist war, erfolgte die Versetzung Kunos durch einen Beschluss des Landeskonsortiums und gegen den Willen eines großen Teiles der Gemeinde. Zu Beginn schlugen ihm Ablehnung und Feindschaft entgegen. Aber nach sechs Jahren großer Entsagungen, Mühen und Enttäuschungen gelang es ihm doch, die Gemeinde vollständig für sich zu gewinnen. Er selbst sagte, er habe die schwersten aber dann auch die schönsten Jahre seines Pfarrerdienstes in Großschenk erlebt. Der von ihm und seiner Frau ins Leben gerufene Kirchenchor wurde in den Kriegsjahren zu einer Lebensgemeinschaft. Für ihn dichtete und vertonte er 1949 das „Schoinker Hoimetlied". Den Briefwechsel der Kriegsjahre mit eingezogenen und später mit kriegs-gefangenen Soldaten seiner Gemeinde führte er auf Briefpapier, das ein Bild der Großschenker Kirche und der altbekannte Spruch „Wo Du als Kind gespielt, in Deiner Jugend gesungen, die Glocken der Heimat sind nicht verklungen!" zierte. 1945 wurde Kuno zum Dechanten des Agnethler Kirchenbezirkes gewählt. Er übte dieses Amt bis 1954 aus.

Im Juni 1967 ging der 75-jährige nach 56 Jahren Dienst in der evangelischen Kirche in den Ruhestand. Noch im Dezember desselben Jahres starb seine Frau Regine an Krebs. Die folgenden Jahre verbrachte er bei seinen beiden Kindern in Kronstadt und Neppendorf. In dieser Zeit nahm eine allgemeine Schwäche Besitz von seinem Körper. Kuno Galter starb am 17. Juli 1977 nach längerem, geduldig ertragenem Leiden 86jährig in Kronstadt. Er wurde am 20. Juli desselben Jahres in Neustadt im Burzenland beigesetzt.

Hannes Galter

Im Spiegel*

Ich gehöre zu jener kleinen Ge-
meinde der Träumer. Sie kenn-
zeichnen zwei tiefliegende, große,
fragende Augen, die oft auf etwas
Entferntem auszuruhen scheinen.
Und diesem Entfernten sinnen sie
Stunden, Tage lang nach. Sie su-
chen es dort, wo sie von Men-
schen ungestört sich selber am tiefsten fühlen – in der
Einsamkeit! Sie besitzen eine gewisse Vertrautheit mit
der Natur, verstehen in sie hineinzulauschen, weil sie tie-
fer und inniger empfinden!

Ich bin geboren in Neustadt bei Kronstadt im Jahre
1891. Das Weihnachtslicht strahlte in meine Wiege und
Winterstürme sangen mir das Schlummerlied. Von der
Natur mit Kräften nicht sonderlich ausgestattet, gedieh
ich unter der sorglichen Obhut guter Eltern soweit, dass
ich mir nun durch möglichst viel Tollen und Schreien
Herz und Lungen selber stärken konnte. Wie ein rosiger
Frühlingstag verstrich meine Kindheit:

---

* Erschienen in der Zeitschrift „Von der Heide" Jg. 10, Heft 7
(Temeswar, Juli 1918), S. 8-9 zusammen mit den Gedichten
„Vögleins Lied", „Am Fensterrand", „Trüber Abend", „Früh-
ling" und „Schwermut". Auch das Foto entstammt dieser Pub-
likation. Eine Tagebucheintragung vom 16. Februar 1918 be-
zieht sich auf diesen Text.

Ich seh' das Häuschen, das im Frühlicht glänzt,
Ich seh' den Weinstock sich um seine Fenster ranken,
Ein Gartenzaun die Welt begrenzt,
Wo Kinderspiele mir vorüberschwanken.

Wehmutsvoll denke ich heute an all die trauten Plätz-
chen in Hof und Garten, wo ich mit derselben Innigkeit
in aller Morgenfrühe dem Summen der Bienen lauschte,
wie im Dämmerschein dem müden Schrei des Rot-
schwänzchens, und dabei von ungeahnten Schönheiten
träumte, die sich mir irgendwo in der Welt einmal auftun
würden. Nach guter Beendigung von vier Volksschulklas-
sen kam ich auf das Honterusgymnasium in Kronstadt
und nach abermals vier (infolge Krankheit) schwerer
überstandenen Jahren in das Landeskirchenseminar
nach Hermannstadt. Ich sollte, dem Wunsche meiner El-
tern gemäß, gleich zwei älteren Brüdern, Volksschulleh-
rer werden. Es gab für meine Vorstellungen damals auch
ungefähr keinen schöneren Beruf.

Nun gewann ich Einblick auch in die „große Welt". Nicht
nur in die des Geistes, der Wissenschaften, sondern
auch in die des Lebens. Stets hielt ich mich von allem
fern, was ich mit meinen Gefühlen, meinem Empfinden
nicht vereinbaren konnte. Dieses tiefe Empfinden für al-
les Schöne, Edle ist zum guten Teil das kostbare Erbteil
meiner guten Mutter!

Von meinen Lehrern muss ich blos einen erwähnen, zu
welchem ich immer voll Achtung aufgeschaut: Hermann
Klöß, selber ein Dichter! Er belebte in mir das Gefühl für
die Schönheit und den Rhythmus der deutschen

Sprache, und er war es auch, der eine innere Verwandtheit meines Wesens mit der Poesie feststellte.

1911 trat ich endlich wohlausgerüstet meine große Reise ins Leben an. Ich erhielt eine Anstellung zunächst als Hilfs- und später als ordentlicher Lehrer an der zweiklassigen evangelischen Volksschule in Kerz.

Ein neuer Abschnitt meines Lebens beginnt! Kerz, mein trautes, kleines Dörfchen, wie oft sah ich den Frühling seinen Blütenschnee über dich hinstreuen – schöner war es als anderswo, wie oft sah ich den Herbst an deinen Hängen verbluten – schmerzlicher war es als anderswo. Am Alt gelegen, mit den Ruinen eines alten Zisterzienserklosters, wurde ich von der reizenden Lage dieses kleinen Erdenfleckens sofort gefesselt! Mit festem Willen und mit aller Liebe begann ich meinen Beruf. Ob ich's richtig angefasst? Die Kinder hatten mich lieb - doch volle Befriedigung fand ich nicht! In den freien Stunden las ich Bücher, oder ich saß stundenlang im Mauerwerk der Abteiruinen und ließ die Mönche in langen stummen Reihen an mir vorüberschreiten. Oft noch um Mitternacht eilte ich, wenn die Vorbereitungen für den kommenden Tag zu Ende, hinaus an den Fluss, um ein Weilchen dem leisen Atem der Natur zu lauschen. Da saß ich dann am Ufer, ließ die reichen Silberwogen an meine Füße schlagen, indes die Gedanken auf der mond-beglänzten Flut sich wiegten. In der schulfreien Zeit irrte ich tagelang in Schluchten und auf den Spitzen der nahen Gebirge umher. Eine unbekannte Sehnsucht trieb mich und ich musste ihr folgen.

In diese Tage fällt auch die Bekanntschaft mit einem gleich zartempfindenden Mädchen, mit dem ich im vergangenen Jahre einen glücklichen Hausstand gegründet. Viele freudvolle und leidvolle Verse hat es heimlich zugesteckt erhalten, die es alle sorgsam hütet!

Als der Weltkrieg ausbrach, mussten auch die Träumer erwachen. Ich meldete mich freiwillig, wurde jedoch vorläufig zurückgestellt. Da kam der schnöde Rumäneneinfall. In früher Morgenstunde musste ich fort und alles zurücklassen. An den Ufern der Theiß erlebte ich einen fremden, doppelt schmerzlichen Herbst. Als ich endlich im Dezember zurückkehren durfte fand ich meine Wohnung leer. Die Dichtermappe lag verstreut und vieles ist für immer dahin aus dem noch gänzlich Unveröffentlichten! Grimme Wut erfasste mich wider die wilden Horden, doch langsam löste sie sich in stille Trauer um das Verlorene auf! Der Mensch muss lernen, auch sein Kostbarstes entbehren zu können!

Nun lebe und wirke ich in Großschenk. Von meiner Zukunft erhoffe ich noch viel! Meine Frau und ich, wir haben ein Heim mit viel, viel Sonne, eine Laute und ein Klavier! Wenn des Tages Lärm und des Augenblicks Enttäuschung unsere Seele drückt, flüchten wir in „unsere Ecke" und lassen uns von der Macht der Musik in Sphären tragen voll weicher Harmonien, wo reine Töne klingen, hell und klar!

A. Kuno Galter

Kuno Galter am 27. April 1914

Frühe Gedichte

.

Am See

Am Ufer lieg' ich, am lachenden Spiegel.
Die Sonne so hell, die Luft so lind,
Erinnerungen kommen auf goldenem Flügel.
Mit meinen Locken spielet der Wind.
Es ist so still die dunkle Flut,
unendlich tief und klar.
Am Grunde Wolken, Sonnenglut,
gehn wandelnd, eine bunte Schar.
Der See ist tief, doch sonnenklar.
Noch tiefer ist mein Leiden!
Vorbei, vorbei die bunte Schar,
vergängliche, liebliche Freuden.
Und heimlich Trän' auf Träne rollt
hinab, verloren für immer.
Mein Herz ist zu, mein Sinn vergrollt,
getrübt ist der süße Schimmer.
Am Ufer lieg ich, am lachenden Spiegel.
Die Sonne so hell, die Luft so lind,
trüb ist der Schimmer, matt sind die Flügel.
Mit meinen Locken spielet der Wind.

Neustadt, im Sommer 1911

Am Alt

Die Wellen ziehen
so silbern dahin.
Meine Gedanken fliehen,
ich weiß nicht wohin.
Die Wellen eilen
hinab ins Meer.
Wer kann sie halten?
Wer bringt sie her?
Gedanken der Freude,
Gedanken voll Leid,
sie strömen ins Meer
der Ewigkeit.

Kerz, 26. Juli 1911

Herbstwind am Alt

Herbstwind weht,
die Wellen murmeln laut,
die Weiden trauern,
die ihr Laub verloren.
Herbstwind weht,
da hab ich sie geschaut,
die im Frühling mir die Treu geschworen.

Kerz, 22. Oktober 1911

Hoch über Sternen

Hoch über Sternen
weit in den Fernen
thronender Gott,
du kennst meine Not!
Lindere die Schmerzen
tief im Herzen.
Füll es mit Freud'
jederzeit! –

Neustadt, 18. Juli 1911

Noch einen Blick

Noch einen Blick – o Süße lass mich weilen
beim Quell, der meiner Lippen Sehnsucht stillt.
Dann mag ins Ungewisse ich enteilen,
wo Trän' auf Trän' aus meiner Seele quillt.
An deinem warmen Busen lass mich träumen,
von Tagen – die wie Abendrot ich schimmern sah!
Entflohn ist dein Bild den stillen Räumen,
und doch! O glaube mir, ich bin dir nah!

Kerz, 25. November 1911

Winternacht

Wild brausen des Winters Wogen.
Es wirbelt und stürmt der Schnee!
– Und sie ist weggezogen,
weit weg aus meiner Näh! –
Ich trete hinaus, aufs weiße Gefild.
Es treibt mich weiter und weiter.
Da lächelt der Liebsten trauliches Bild,
ihr Antlitz so milde und heiter.
Sie spricht – o weh! – sie raunt mir ins Ohr:
Magst hier dein Lebtag wandern,
du alter, närrisch verliebter Tor,
ich liebe doch einen andern.
Ich schreite stumm durch die Mondscheinnacht,
mein Sinn ist trüb und schwer.
Hoch über mir die Liebe wacht,
um mich ist alles tot und leer.

Kerz, 2. Januar 1912

Am Bächlein entlang

Am Bächlein entlang,
mir wird so bang.
Auf schattiger Wiese,
am Waldesrand
fließt still es und heiter
über moosigen Sand.
Bald plätschert es leise
– ein Liebeslied –,
bald tollt es, bald rauscht es
– ein Störenfried. –.
Im Spiegel mein Bild,
dann Blumen und Kräuter.
Es eilt drüber weg
immer weiter, immer weiter.
Ich stehe und schaue
und denke das eine:
O Herz, dir ist wehe.
Ich weine und weine.
Am Bächlein entlang,
mir wird so bang.

Kerz, 25. März 1912

Ein kleines Lied

Ein kleines Lied, ein Vöglein sang's
just an dem Wegesrand,
als ich so einsam, still,
in mich versunken,
im Dämmerschein des Abends stand.
Ein kleines Lied – von Frühlingshoffen,
Frühlingsleid.
Mein Sehnen wuchs, es dehnte sich mein Herz –
wer weiß, wie weit?
Ein kleines Lied.

Kerz, 15. April 1912

Frühling

Die Wässerlein fließen,
die Brünnlein rauschen.
Ich stehe versunken
in wonniges Lauschen.
In weiter Ferne
ein leises Tönen
weckt heimlich Ahnen
in meiner Brust.
Die Glöckchen klingen
der Frühling zieht ein
und lindert im Herzen
die lang alte Pein.

Kerz im Frühling 1912

Im Mai

Im Mai
mein Herz, so lass uns singen,
wenn süß die Maienglocken klingen.
Im Mai!
Warum wird dir so bange?
Den du ersehnt so lange,
er kam, der blütenholde Mai.
Die schneeig weiße Krone
ragt hoch nun in die Luft
mit all den tausend Blüten.
Ihr Gruß ist stiller Duft!

Kerz, 2. Mai 1912

An den Mai

Nun bist du da! Willkommen Mai!
Willkommen deine Pracht!
Dieweil ich träumend dich gehofft
hast du mich ausgelacht!
Welch Blühen rings, welch Zittern
geht durch die stille Nacht.
Ein Werden und ein Flüstern,
das hast du Mai gemacht!
Willkommen denn im Lande
o Jüngling frisch und frei.
Ich öffne weit mein Herze.
Zieh ein, o König Mai!

Kerz, 10. Mai 1912

31

Gesang der Geister über dem Wasser

Wir winden dir Kränze,
wir singen dir Tänze,
o Menschenkind!
Viel Blumen wir hegen,
zu Füßen dir legen,
komm, komm nur geschwind!
Aus der Tiefe wir steigen,
süß tanzt sich im Reigen,
o Menschenkind!
Wir lüften den Schleier
und küssen dich, Scheuer,
komm, komm nur geschwind!

Kerz, 5. Mai 1912

Ein altes Lied

O schauerlich kühl
die Wasser rauschen
ein altes Lied.
Die Blüten lauschen.
Ein altes Lied,
in stiller Nacht
in meiner Brust
ist's neu erwacht.

Kerz, 7. Mai 1912

An den Abendstern

Dich sah als Kind ich – und war glücklich,
ich freute mich an deinem Glanz,
der doch so golden schien.
Wie sang als Knabe ich so gern
das Lied vom goldnen Abendstern.
Und heute wieder scheint dein Licht
so trüb auf mich herab.
Bald,
wenn der Herbst die letzte Rose bricht,
dann scheint es auf mein Grab!

Kerz, 10. Mai 1912

Erwacht

Im Rosenstrauch lispelts
am grünenden Hag.
Es leuchtet der Morgen,
bald ist es Tag.
Und Mai ist auch schon,
die Luft ist warm.
Uns wird so wohlig
im Frühlingsarm.
Und als in der Frühe
mich Dämmerlicht grüßt,
hat heimlich der Wind
die Rosen geküsst.

Kerz, 20. Mai 1912

Am Alt

Nehmt mich mit, ihr schnellen Wellen,
in die weite Ferne mit,
zu dem Ort, wo frühlingshellen
frohen Herzen
nie ein Schmerz die Wunde schnitt.
Wiegt mich wie das Abendrot,
still die gleichen Silberpfade,
durch die süße Einsamkeit
näher an des Glücks Gestade.

Kerz, 22. Mai 1912

Kinderaugen

Kinderaugen
helle, weiße Frühlingssterne
in der Nähe, in der Ferne
süßer, heiliger Wonneblick.
Kinderaugen – Frühlingsknospen,
die kein Sturm noch hat verweht,
die kein Mondesstrahl getrübet;
still und unschuldsvoll Gebet.
Kinderaugen – holder Name,
grünend, duftend Paradies!
Kinderaugen – Tugendfahne,
die den Mann so schnell verließ.

Kerz, 23. Mai 1912

Gebet

Gott, ich bin ein armes Kind,
habe Leid im Herzen.
Sende kühlen Morgenwind,
lindere meine Schmerzen.
Oft hab ich in stiller Nacht
wenn die Sterne niederhangen,
weinend ach, mein Leid geklagt,
bis mich süßer Schlaf umfangen.
Scheint die Sonn' am hellen Morgen,
weckt mich früh der Vöglein Sang,
werden neu die alten Sorgen!
Lieber Gott ach! nicht zu lang.

Kerz, im Mai 1912

Abend

Süßer Abend, der du still
dich über Blumenfelder breitest,
nimm mich auf
in deinen Kahn!
Wieg mich weiter – immer weiter
zu den dunkelblauen Bergen
himmelan!
Wo im Frühlingsblütenschnee
Sterne still vorübergleiten,
und wo meinem Herzensweh
Frühlingsglocken Frieden läuten!

Kerz, 9. Juni 1912

Gebet II

Herr mein Leben,
du hast es gegeben!
In deinen Händen
kannst du es wenden,
Herr auf dich hoff ich!
Du schickst die Freuden,
du schickst die Leiden,
du hast Erbarmen
auch mit mir Armen.
Herr dich lieb' ich!
Bei dir geborgen
von allen Sorgen,
du wollst mich leiten
zu allen Zeiten
Herr, dir ergeb ich mich.

Kerz, 24. Mai 1912

Der Liebe Leid

Weiß Gott, seit ich dich sah,
sind meine Wangen blass,
meine Augen tränennass.
Mein Sehnen du,
meine stille Freud,
mein Denken, Fühlen,
mein Herzeleid.

Kerz, 9. Juni 1912

Herbstesahnung

Einsam schreit ich meine Wege
durch das Feld im Abenddunkel.
Kaum die Grille ist noch rege,
müd ist auch das Sterngefunkel.
Die Abendlüfte kühl und lind
fächeln mir die bleichen Wangen.
Herz, mein altes Sorgenkind,
düster, traurig, leidumfangen.
Wenn des Herbstes Stürme wettern,
Blätter fallen, gelb und dürr,
zimmern sie den Sarg von Brettern.
Herz, nur dort winkt Ruhe dir.
Wo am Alt die Wellen rauschen,
flötend, tönend, auf und ab,
Nachtigallenweisen lauschen,
betten sie dein kühles Grab.

Kerz, 15. Juni 1912

Rosenrote Nelken

Rosenrote Nelken,
halb schon im Verwelken.
Heimlich kommt ein Sonnenstrahl,
küsst sie beide – tausendmal.
Die eine weint, die andere lacht,
still die Blüten niederhangen.
Beide sind sie über Nacht
neublühend aufgegangen.

Kerz, 16. Juni 1912

Der Heimat zu

Ich seh dich kommen.
Deine Schritte eilen
der Heimat zu.
Nur einen Blick,
o lass mich weilen,
der Heimat zu.
Nur einen Blick,
dann schließ die Augen
und flüstere lächelnd ein Gebet
für mich, der bald, dein Bild im Herzen,
bald ein zu seiner Heimat geht.

Kerz, 18. Juni 1912

Mein Stern

Wie oft hab ich gewacht,
der Menschen und mein selbst vergessen,
mit dir in traulich-stiller Nacht.
In deiner Flügel lichtem Glanze
schwebt ich empor in weite Ferne.
Glückstrahlend – ach –
in deiner Nähe, weil ich so gerne!

Kerz, 24. Juli 1912

Ein Märchen sind deine Augen

Ein Märchen sind deine Augen,
die Wangen ein süßer Traum.
Lass ihren Duft mich saugen,
o Liebe – ich fasse es kaum.
Vom Morgentau behangen
stehn rings die Blümelein.
Die Nacht ist kaum vergangen,
und ach – schon denk ich dein.
Zwei der schönsten Sternlein
lächelten mir im Traum.
Ein Märchen sind deine Augen,
o Liebe – ich fasse es kaum.

Kerz, 18. August 1912

An die Phantasie

Und wieder lieg ich dir an deinem Busen
glückstrahlend – holde Phantasie.
Du nimmst mich bei der Hand
wie Mutterliebe heiß ihr Kind
und führest mich dem Morgenrot entgegen
auf ungeahnten, heimlich stillen Wegen
zur reinen Sonne meines Glücks.

Kerz, 27. Juli 1912

Lebe wohl

Im Busch ein Vöglein singt
eine Trauerweise.
Aus allen Blüten dringt
ganz leise
ein Lied – vom Abschiednehmen.
– Lebe wohl! –
Nun bist du fortgezogen
und ließest mich zurück.
Und mit dir verflogen
die Träume von seligem Glück.

Kerz, 30. August 1912

Mein Glück

Wie hinter den Bergen die Sonne verschwindet
und golden, rötlich der Himmel sich malt.
Ein Schmerz, ein Seufzer der Brust sich entwindet,
nie hat ihr Licht so lieblich gestrahlt.
Wie aus den Tälern die Nacht schon sich hebt
in stillem, friedevollem Genügen,
liebessehnende Netze webt.
Sie will mir die fröhliche Seele trüben.
Verlassen, vereinsamt gedenk ich dein.
Es irrt durch die herbstlichen Felder mein Blick.
Es rauschen die Wasser im Abendrotschein.
Da winkt mir in seligen Träumen – mein Glück.

Kerz, 11. September 1912

Ihr Bild

Des Morgens kaum bin ich erwacht,
tritt mir ein Bild vor meine Seele:
Zwei Augen, dunkel wie die Nacht,
und Wangen rosig helle.
Der Augen Dunkel, das so oft
mich vollgetränkt mit süßem Weh,
der Wangen Röte, die so oft
mich festgebannt in ihre Näh.
Wo schwanden sie, dass nun mein Herz
erfüllt von tausend heißen Tränen:
Ein unergründlich tiefer Schmerz
in meiner Brust – ein ewig Sehnen?

Kerz, 6. September 1912

Dein Bild

Es war dein Bild, das vor mir stand
in heißer Sommerglut,
mir Blumen um die Stirne wand.
Du sahst mich an – so gut.
Nun lockst du mich zu jenen Ufern hin,
wo ich in Träumen oft verblieb.
Du spinnst und sinnst
und lachst mir zu – so lieb.
Du schlingst den weißen Arm mir um den Hals,
dass liebend sich die Welt vergisst.
Ein Blick, ein Seufzer ach! – dann hast du mich
so lang, so heiß – geküsst!

Kerz, 6. September 1912

Regina

Im stillen Träumen deiner dunklen Augen
seh ich ein fernes, fernes Glück.
Denkst du der Tage noch zurück,
wo Silbertau die Blüten saugen?
Wo Mondesstrahlen deine Stirne kühlen?
In Liebe schlummert tief dein Blick.
So unnahbar ist das Geschick,
Gefühle, die dein Herz durchwühlen.
Im Schauen trunken, ganz verwirrt.
Es zittert meine Hand der Deinen zu.
Kein Laut stört unserer Herzen Ruh.
Nur über Blumen leis ein Falter schwirrt.

[Kerz, 14. September 1912]

Deine Liebe

Bin ich noch selbst?
Ist mir mein Herz noch eigen?
Ich bleibe stumm und Schweigen
erfüllt meine Seele.
Doch fühl ich deiner Liebe Wonnefluten
in meiner Brust
und unbewusst
verbrennt mein Ich in heißen Liebesgluten!

Kerz, 17. September 1912

Späte Rosen

Die letzten Rosen, die der Sommer streute,
die zögernd noch das Blühen strich
umtönt von fernem Grabgeläute.
Ich brach sie ab – für dich!

Kerz, 9. September 1912

Warum weht der Wind so kalt

Warum weht der Wind so kalt?
Mein Herz brennt so sehr!
Ich dachte, ach nur zu bald,
wenn wieder Sommer wär.
Wenn wieder die Veilchen blühten,
wir wandelten zu Zwei`n
Leuchtkäferchen glühten
an Hecken und Wiesenrain.

Kerz, 16. September 1912

Falsch

Die Liebe, sagt man, trägt ein falsch Gesicht
und einen falschen Kragen!
Kann sein, doch falsche Menschen lieben nicht,
magst nur dein eigen Herz befragen.

Neustadt, 21. September 1912

Meine Kleinen

Nun sind sie fort die kleinen,
zierlichen Gestalten!
Ich sah euch nach, ich wollte weinen,
und Trauer ließ ich über meine Sinne walten.
Ihr hingt an meinem Blick
bis müde noch die Sonne wachte.
Es war mein Glück, das mir
in euren Augen hell entgegenlachte.

Kerz, 18. September 1912

Beim rauschenden Wellensang

Beim rauschenden Wellensang
wird meiner Liebe so bang.
Auf klarer Flut die Sonnenstrahlen spielen,
die letzten, die zur Erde fielen.
Kühl streicht der Abendwind
und kühl ist jedes Blätterrauschen.
Mein Herz es trauert, trauert sacht
und meine Seele kann nur lauschen.

Kerz, 28. September 1912

Herbst

Hörst du der Lüfte leises Klagen,
und lebensmüde Blätter fallen ab?
Der Herbst will seine Krone tragen:
Ein blumenüberdecktes Grab.
Er küsst, was Frühlingswinde nicht verwehn,
des Sommers Reife vollgetränkt.
Sein Kuss ist herb, nun – alles muss vergehn,
der Sommersonne Glut hat es zu Tod versengt.

Kerz, im Herbst 1912

Herbstzeitlosen

Tief in dem Wald
sah ich schon Herbstzeitlosen blühn,
versteckt um einen stillen Teich.
Da dacht ich
bei der Abendsonne leisem Glühn:
Nun herbstet's gleich!
So rosenrot, –
ward doch mein Herz
betrübt ob dieser bangen Kunde:
Es kommt der Herbst
mit neuem Leid!
Und kaum verging
des Frühlings tiefe Wunde.

Kerz, 1912

Vögleins Lied[*]

Vor meinem Fenster
ein Vöglein singt,
in meinem Herzen
Es wiederklingt.
Kennst du sein Liedchen
von gestern und heut?
Sehnsucht heißt es
und Traurigkeit!

Kerz, 3. Oktober 1912

Sonne

Herz, kannst du dein altes Leiden
immer noch nicht ganz vergessen?
Sieh, der Winter will nun scheiden,
der so lang die Welt besessen.
Und im sonndurchglühten Tal –
warte noch ein Weilchen –
dann, o dann, nach süßer Qual,
sprossen blaue Veilchen.
Blaue Veilchen, holdes Scheiden,
Herz, bedenke diese zwei!
Wie kannst du die Sonne meiden,
wenn der Winter ist vorbei?

Kerz, 7. März 1913

---

[*] Vertont von Karl-Gustav Reich.

46

Am Waldrand

Am Waldrand, wo der Schlehdorn blüht,
sitz ich mit meinen Leid allein.
Ich höre nicht der Amsel Lied,
bin nur von einem Schmerz durchglüht
und fühle nur die Einsamkeit.
Ein spiegelglatter Wasserteich
zu meinen Füßen still und klar.
So träumt er da von Frühlingswinden
und Mondscheinnächten.
Zuweilen nur huscht durch das Rohr
ein wehmutsvolles, lautes Klagen.
Da rauscht's und flüstert's in dem Teich
dem Jammern eines Kindes gleich
aus längst vergangenen Tagen.

Kerz, 4. April 1913

Feiertag

Sei mir gegrüßt, mein Tal,
so festlich geschmückt.
All überall
stehn Blumen gebückt.
Sie beten still und lauschen
dem fernen Glockengeläute.
Herz, hörst du es rauschen?
Es ist Feiertag heute.

Kerz, 20. April 1913

Der Verlassene

Traure, traure, Mondesglanz,
hülle deine matten Flügel
um mein müdes Herze ganz,
wie um Blumen, Tal und Hügel.
Seit sie floh mein stilles Leben
ist die Welt mir öd und kalt.
Tag und Nacht die Sinne weben,
was im Herzen widerhallt.
Leid nur ist der Blumen Duft,
Klagen nur der Vögel Sang,
und in sonnendunkler Luft
lauschen muss ich dumpfem Klang.
Traure, traure, Mondesglanz,
hülle deine matten Flügel
um mein müdes Herze ganz,
wie um Blumen, Tal und Hügel.

Kerz, 15. April 1913

Über mir die Wolken fliehen

Über mir die Wolken fliehen
am Himmel hoch.
Ach könnt ich mit ihnen ziehen
am Himmel hoch.
Ein Vogel fliegt ihnen nach.
Wie weit?
Wenn ich das vermag,
wo bliebe die Einsamkeit?

[Kerz], 22. April 1913

Mein Tal

Himmelsblau und Sonnengold,
Frühlingsgrün an Blütenzweigen,
Vogelsang in Lüften rollt.
Holdes Tal, das ist dein eigen.
Nimm mich auf in deine Arme,
dass mein Herz an deiner Brust
sonnenfroh sich neu erwarme.
Fühle höchste, tiefste Lust.
Unter kühlem Baumesschatten
kann mein Blick hinübergleiten,
träumend über grüne Matten,
in die endlos stillen Weiten.

[Kerz], 22. April 1913

Gedichte in Kriegszeiten

Ob sie mich liebt

Ob sie mich liebt, ob nicht?
Ich kann es nicht verstehen.
Wenn mich die Leute sehen,
sie tadeln mein bleich Gesicht.
Ob sie mich liebt, ob nicht?
Doch nimmer kann ich's wagen,
mit Worten ihr zu sagen,
Was sich mit Blicken spricht!
Ob sie mich liebt, ob nicht?
Wer könnte es ergründen?
Mein Herz kann nicht Ruhe finden.
Ob dieser verliebten Geschicht!

Kerz, 10. Oktober 1914

Sonderbar

Als ich dich heute sah,
war mir mein Herz so tränenvoll,
denn ach, dein Gruß,
die Stirne und Dein Haar,
und auch dein Blick war – sonderbar.

Kerz, 12. Oktober 1914

Was ist das Glück

Was ist das Glück,
das viele nicht begreifen?
Es ist ein Blick von dir,
den meine Augen streifen.
Du bist meine größte Freud
und mein tiefstes Leid.

Kerz, 27. Oktober 1914

An Regina

Oft ruht mein Blick auf deinem dunklen Haar,
du, die ich nimmer kann vergessen!
Was Gott an Leid mir zugemessen,
ward erst durch dich mir offenbar.
Und was im Traum noch meine Augen sehen,
was fiebernd meine Sinne halten:
Dein Bild ist's, einfach, seelenschön,
tief eingehüllt in meines Herzens Falten.
Kaum weiß ich noch, was ist und war!
Oft ruht mein Blick auf deinem dunklen Haar.

Kerz, 31. Oktober 1914

Herbstgefühle

Es prangt der wilde Wein in roten Feuersgluten,
am Waldesrand verblüht der Rosenstrauch.
Herz, schöne Tage
sahst du schnell vorüberfluten.
Herbst hat der Wald, Herbst hast du auch.

Kerz, im Oktober 1914

Herz, wie lange nur

Herz, wie lange nur
willst Du deinen Kummer tragen?
Wie aus fernen Jugendtagen
klingt des Lebens leise Spur.
Seit ich sie gesehn,
ist die Welt mir fahl und grau,
selbst die Blumen auf der Au
und der Sternelein Gefunkel.
Alles, alles scheint mir dunkel.

Kerz, 3. November 1914

Deine Hände (An Regina II)

Oft weilt mein Blick auf deiner stillen Hand,
du größte Freude, du mein tiefster Schmerz.
Fiel auch manch bitterer Tropfen in dies Herz,
heut fühle ich, wie alles schwand.
Und selig träumend seh ich weite Fernen:
Hör, wie die Finger über Tasten gleiten
und Zauber über meine Seele breiten:
Ich träum von Liebe nur und von den Sternen!
Die Augen halt ich wieder abgewandt.
Von Melodien voll ist meine Brust.
Es schlägt mein Herz in wilder Lust.
Oft weilt mein Blick auf deiner stillen Hand!

Kerz, [1.] November 1914

Nun ist es Nacht

Nun ist es Nacht
und müde Menschen schlafen.
Du aber, Herz, du kannst nicht ruhn
vom Schwall der Worte,
die die Seele trafen.

Kerz, 3. November 1914

Sonnenuntergang

Wie sie sich mühsam durch die Zweige ringt
und müde dann von Baum zu Baume sinkt.
So fällt auch in mein armes schwaches Sein
ein müder Schimmer oft hinein!
Dann möcht ich mit den Winden eilen,
möcht niedersteigen in ein Grab,
möcht in der Näh der Sterne weilen
und klagen, dass ein Leid ich hab!
Dann scheint die Welt mir öd und kalt,
drin ist mein Herz verbannt zu klagen.
Ein Seufzer der Erinnerung hallt
vom Schmerz aus frühen Liebestagen!

[Kerz, 27. November 1914]

Mitternacht

Am Fenster stand ich lang
und sah hinüber in die nebelüberdeckte Nacht.
Da blitzten Lichter, traurig, bang.
Ein Glockenton – es war Mitternacht.
Um Mitternacht, da stöhnen wunde Herzen
vom Hauch, der still des Tages Freude eint.
Mir klang es wie ein fernes Grüßen
und abgewandt hab ich geweint.

[Kerz, 27. November 1914]

Ich sah den Tod

Ich: Ha, welche Töne,
            ist das Musik?
            Wer wagt, bei später Nacht
            in fremde Räume einzudringen?

der Tod: Leben und Sterben,
            Sterben und Leben,
            das zu verweben,
            ist mein Beruf!

Ich: Wer bist du, der zum Spott
            so wunderliche Weisen
            als späten Nachtgruß singt?

der Tod: Recht wunderlich sind meine Lieder
            und ewig tönen sie stets wieder.
            Ich bin der Tod!
            Kennst du nicht diesen Klang?
            Es ist der Helden Schlachtgesang,
            wenn sie hinausziehn in den Kampf.
            Es duftet drin nach Pulverdampf.
            Es ist der Waisen Schlummerlied,
            ihr bisschen Licht, wenn's ausgeglüht.

Ich: Du nennst die Menschen dumme Toren.
            Entsinne Dich,
            wardst du für diese Welt geboren?
            Wär ich ein Gott!

der Tod: Du bist kein Gott!
            Zu Göttern komm ich nicht.
            Du wardst es nie gewahr,
            dass mich kein Weib,
            dass mich die Gottheit selbst gebar?

Ich: Und womit darf ich dienen?
der Tod: Zum bösen Spiel nur gute Mienen.
          Denn wisse, eh ich mich nun wende,
          ich bin des großen Kreislaufs Ende!
          Fallen, Vergehen
          ist mein Bestehen.
          Bei Menschen, die recht viel klagen,
          fühl ich ein süßes Wohlbehagen.
          Da klingt meine Geige
          erst fern, dann nah.
          Schlaf nun recht gut.
          Ich bin der Tod!
          Ja, ju, laa!

                    Kerz, im November 1914

Das Fest

Hör, wie die Geigen so lustig klingen,
schwing mich im Tanze!
In deinem Arm meine schwellenden Brüste,
schwing mich im Tanze!
Berauschend – wiegend.
Hör, wie die Geigen so lustig klingen.

Komm, holdes Mädchen, reich mir den Becher.
Aus deiner Hand, aus deinem Munde
ambrosisch duftend
dürstend die lechzende Zunge zu feuchten
mit köstlichem Nass.
Komm, holdes Mädchen, hinaus zum Brunnen.
Lachender Mondschein
ist segnendes Glück.
Er lauscht hinter Wolken und Weiden
uns beiden.

Draußen am Brunnen sitzen wir beide,
Du schöpfst Wasser, ich berge mein Haupt
In den goldbraunen Locken deines Haares.
Ich sauge den Hauch deines Atems,
trinke den Duft deiner Finger
und schlürfe den Trank
so erquickend und kühl.
Ein Tropfen noch blieb am Rande.
Du lächelst und schwingst den Pokal.
Ich aber schmachte nach glücklicher Qual.

Schon klingen die Geigen von neuem.
Nie werden sie mich mehr freuen,
weil es mich süßer dünkt –
wie dieser Tropfen am Rande des Bechers –
an deinen Lippen zu hangen.
Und langsam vergehen
in deiner Liebe.

[Kerz, 27. November 1914]

Es rauscht die Nacht

Es rauscht die Nacht
vom fieberheißen Tag.
Leis seufzt mein Herz, gemach, gemach!
Noch wird dein Sehnen nicht gestillt.
Und sehnsuchtstrunken steigen wilde Träume
empor zu jenen dunkelblauen Bergen,
vom winterlichen weißen Schmuck gekrönt.
Was will die Dämmerung von mir?
Ein müdes Herz nur kann sie fächeln
in süßen Schlaf.
Schließt auch ihr Augen zu
der holden Sternenpracht!
Mein Herz, so wache du!
Es rauscht von Liebe heiß die Nacht.

[Kerz, 27. November 1914]

Und wieder Du

Dass ich dich heut im Traume sah,
hat mir den Schlaf so süß gemacht.
Nun, immerdar, wohin ich geh,
ich stets das holde Köpfchen seh,
die rabenschwarzen Äugelein,
den lachend roten Mund.
Doch alles, alles ist ja Schein
und wahr nur, dass mein Herze wund.

[Kerz, 27. November 1914]

Irgendwo fern am Meeresstrand

Irgendwo, fern am Meeresstrand,
ein Schiffer stößt ab!
Irgendwo, im fremden Land,
winkt mir mein Grab.
Kein Kreuz blinkt darauf,
keine Blume blüht.
Über dem kalten Hauf
nur der Abendstrahl glüht.
Kein liebendes Mädchenaug
weint Tränen dort.
Verlassen, vereinsamt in fremdem Land,
mein Ruheort.

Kerz, 28. November 1914

Wenn ich dich traurig seh

Wenn ich dich traurig seh,
wird mein Sinn trübe.
Hätt ich nicht deine Liebe,
täte mein Herz mir nicht weh.
So aber kann ich die Menschen nicht sehen,
hab keine Freude für sie bereit,
kann auch ihr Lachen oft nicht verstehen,
ich weiß nur dich und dein Leid.

Kerz, im Herbst 1914

Du fragst: Was macht dich heut so froh?

Du fragst: Was macht dich heut so froh?
Am Wege sah ich zwei Täubchen kosen,
an einem Fenster blühten noch Rosen,
da dacht ich an dich.
Im Herzen ein Singen,
in der Seele ein Klingen.
Ich dachte an dich,
du bist ja so!
Und denkst du an mich.
dann werde ich froh.

Kerz, 6. Dezember 1914

Ich glaube nun, dass du mich liebst

Ich glaube nun, dass du mich liebst,
seit du dein Haupt an meiner Brust geborgen.
Fortgleiten fühlt ich alle meine Sorgen.
Nun weiß ich auch, dass du mich liebst.
Stumm lauschst du meines Herzens lautem Schlag,
mein Arm sich sanft um deine Schulter schlingt.
Die müde Seele Lebenswonne trinkt,
denn dein ist jeder neue Tag.
Auf meine Lippen tritt ein heißer Kuss,
ich drückt ihn leise auf dein dunkles Haar.
Ob's die Erfüllung langer Sehnsucht war,
ob augenblicklich seliger Genuss?

                    Kerz, 9. Dezember 1914

So ist das Glück

Das Glück sah ich
im Bettlerkleide heut
an meiner Tür vorüberwandern.
Ich warf ihm einen Kreuzer zu.
Da sagt es leis:
Den geb ich andern.

                    Kerz, 13. Dezember 1914

Ich sitz am Tisch

Ich sitz am Tisch, du aber am Klavier,
so nah sind wir und doch so weit,
getrennt durch der Gedanken Flug.
Ich höre nicht der Finger leises Spiel,
ich grüble oftmals viel zu viel.
So dacht ich jetzund was ich täte,
wenn jener plötzlich zu uns träte?
Du würdest aufstehn, ihm entgegeneilen,
die Hände liebend ihm entgegenstrecken –
so wie die Liebste tut –
und würdest lautlos
wieder in dein Herz ihn schließen.
Ich aber säße stumm,
den Blick zu Boden gerichtet,
ein müder Greis, der seines Lebens satt,
kaum würdig eines Blicks von dir.
Ich fühlte meine Wangen nur erbleichen,
dann würd ich lautlos mich erheben
und davon mich schleichen.
Dann würd ich wandern, ruhlos wandern,
niemand mein blutendes Herze zeigen.
Und käm das Ende, jenes lange Schweigen,
in meinen Augen würd es dankbar lächeln,
fühlt ich die Ewigkeit um meine Stirne fächeln.
Noch einmal würd ich liebend, dankbar
deinen süßen Namen nennen.
Dies Leben wär zu Ende
und ich käm nicht wieder.

Kerz, 19. Dezember 1914

Sie hat nicht Zeit

Du hast nicht Zeit,
ein Viertelstündchen
mit mir zu sein.
Du hast nicht Zeit
für meine Sehnsucht und mein Leid.
Du legst die Hand auf meine Stirn,
fühlst sie verlangend brennen.
Süßes Mitleid deines Blicks,
soll ich es Liebe nennen?
Doch indes ich liebend dich
auf meinen Knien wiege,
denkst du schon weit.
Du hast nicht Zeit
für meine Sehnsucht und mein Leid.

Kerz, 20. Dezember 1914

Geheimnis

Ein süß Geheimnis ich in meinem Herzen trage,
tief unten auf dem felsenfesten Grund.
Den Sternen lauscht ich's ab,
ihr Frühlingsglanz tat es mir kund.
Noch hör' ich wie aus fernen Welten
das Traumlied mir durch meine Seele ziehn,
entführt in hohen Himmelszelten,
den Schrei der Wandervögel, die nach Süden fliehn.
Kling, holde Weise, kling
durch meine Seele, die noch träumend wacht.
Sing, zaubervoller Rosenmund, ach sing!
Es hört dich niemand – nur die Nacht.

[Kerz, im Winter] 1914

Regina

Du bist die Eine, die ich ewig liebe.
Du bist mir Abend, Morgen, bist mir Tag und Nacht.
Du bist das Zentrum aller süßen Triebe.
Du bist die Sonne, die mir ewig lacht.
Du bist des Waldes leises Flüstern,
das liebestrunken meine Sinne schlägt!
Du bist, wenn Schatten mich umdüstern,
der Stern, der mich gen Himmel trägt.

Kerz, [Weihnachten] 1914

In meinen Träumen liegt ein Glanz

In meinen Träumen liegt ein Glanz
wie ihn nur deine Augen tragen,
wenn sie, wie roter Wolkenkranz
sich schimmernd um die Berge schlagen.
Ich sehe oft – und weiß nicht was,
ich such das Glück in fernen Weiten.
Ich höre oft – und weiß nicht was,
holdselige Töne mich begleiten.
Wärst du erst mein, einmal nur – ganz,
so traut ins Ohr möcht ich dir sagen:
In meinen Träumen liegt ein Glanz,
wie ihn nur deine Augen tragen.

Kerz, 2. Januar 1915

Heute nicht – morgen!

Was du gern wissen möchtest –
nein, heute nur lass mich noch schweigen.
Der Sturmwind heult und rüttelt an dem Haus,
es stürmt mein Blut, die Sehnsucht wild
tanzt mit ihm seinen tollen Reigen.
Nein, heute nur – o frage nicht.
Der Sturmwind heult – o lass mich schweigen.
Vielleicht ist morgen mein Gesicht
so froh und leicht,

und hat vergessen meine Seele,
was heut so schwer sich sagen lässt.
Verzeih, dass ich dir jetzt verhehle,
was du gern wissen möchtest.
Nein, heute nur – o frage nicht.
Der Sturmwind heult – o lass mich schweigen.

Kerz, im Januar 1915

Ob sie wohl merkt

Ob sie wohl merkt,
dass, wenn in tiefem Sinnen
sich meine Seele nah der ihren neigt,
wie heiß verweinte Tränen rinnen.
Ob sie das merkt – sie schweigt.
Doch hinter all dem Dämmerschein und Schatten,
der lastend oft auf meinen Augen liegt,
stehn meiner Träume immergrüne Matten,
stehst du o Herz – vom eignen Singen eingewiegt.
Ob sie wohl merkt,
dass, wenn in stillen Stunden
sich meine Seele nah der ihren neigt,
wie tief ich oftmals da empfunden.
Ob sie das merkt – sie schweigt.

Kerz, im Januar 1915

Ich höre deines Herzens leisen Schlag

Ich höre deines Herzens leisen Schlag,
indes mein Haupt an deine Brust sich lehnt.
Ein Blick, ein Wort, das hatte uns entzweit.
Nun ruht mein müdes Haupt sich aus
von dieses Tages Leid.

Kerz, 7. März 1915

Meiner Jinni

Den Kopf so treu an meine Brust gelehnt
schläfst, Liebchen, du
und träumst von goldener Zeit.
Ich hüte deines Herzens tiefe Ruh.
Dies schöne Bild:
Der Liebe Einsamkeit – zu zweit!
Das Mondlicht flutet durch die hellen Scheiben
und legt zu Füßen dir sein blasses Gold.
Ein leiser Seufzer deiner Brust entrollt.
Fernab verglüht des Tages wildes Treiben.
Kaum wagt ein Menschenlaut sich noch hervor,
die Nacht spinnt ihre stummen Lieder.
Da neig die Lippen ich auf deine Brust
Und schließe lautlos in mein Herz dich wieder.

Kerz, 23. April 1915

Es ging ein Mann im dunklen Wald

Es ging ein Mann im dunklen Wald
und kam an einen stillen See.
Dort saß er stumm, doch alsobald
erschreckte ihn sein Herzensweh.
Da kam ein Rauschen von den Fluten
und fuhr um seine heißen Wangen,
da hat er seines Herzens Gluten
dem leisen Flüstern angehangen.
Und sieh, das trug sie hoch empor
und senkt sie dann zur Tiefe nieder.
So fand der Mann, wie nie zuvor,
die Menschen und sich selber wieder.

Kerz, [1.] Mai 1915

Oft such ich nach der Liebe
tiefstem Grunde

Oft such ich nach der Liebe tiefstem Grunde.
Vor dem geschlossenen Auge stehn
die Bilder manch vergangener Stunde,
ich kenn sie, die mein Herz hat ausersehn.
Doch wenn ich träumend Stunden dagesessen
und müde meiner Seele Trieb,
fühl ich, und alles andere ist vergessen:
Wärst du schon da, ich hab dich lieb.

Kerz, im Mai 1915

Nachmittag

Die Sonne lacht mich heut so gütig an.
Im Grase liegend
auf Friedhoferde hingestreckt,
ich büße für die Nacht,
die hat mir's angetan.
Wiegend,
Maiwonne,
Frühlingssonne,
Welt an deinen Wangen leckt.
Mein Haupt so schwer,
Meine Augen nass.
Ach käme doch wer!

Auf Friedhoferde lieg ich still im Gras.
Vielleicht ruht drunten tief vermodernd
ein Herz,
das auch einst liebte, litt, verlodernd
starb in seinem Schmerz.
Nun ward dies Glühen
ein schneeweißes Blühen.
Sieh Herz! Die Pracht und lachende Freud
war einst wie du voll Schmerz und Leid.

Kerz, 10. Mai 1915

Was fragt der Wind

Was fragt der Wind, dass fern im Frührotschein
eine Rose ihre Blüte wagte?
Was fragt die Nacht, dass drin' im Kämmerlein
ein Herz den Sternen seinen Kummer klagte?
Sie beide kennen nicht das tiefe Trauern,
sie beide kennen nur ein kaltes Schauern.
Was fragst du Mädchen, ob mein Herze lacht?
Du gleichst der Nacht!
Was fragst du Mädchen, was mein Herze sinnt?
Du gleichst dem Wind!

Kerz, 16. Mai 1915

Mein Mädchen schläft

Schlafe mein Kind!
Vorm Fenster weht der Wind,
singt dir ein Lied von Glück und Leid,
von kommender seliger Zeit.
Draußen weht der Wind.
Träume mein Kind!
Eh du vom Schlaf erwacht,
Lieb dir im Traume lacht.
Schlafe mein Kind, tu die Äuglein zu!
Mein Herz singt leise dich zur Ruh.

[Kerz], im Juni 1915

An meine Wange leg die blassen Hände

An meine Wange leg die blassen Hände,
mein krankes Lieb.
Lass sie mich küssen ohne Ende,
ich hab sie so lieb.
Wie leis die Finger zucken, wie sie beben,
ich fühle deines Herzens stilles Leben.
Schon hör ich Frühlingsvögel
durch die Gärten schwirren,
und trübe Tage sind gewesen.
In meiner Seele klingt ein leises Girren:
Der Frühling kommt, nun musst du bald genesen.
An meine Wange leg die blassen Hände,
mein krankes Lieb.
Lass sie mich küssen ohne Ende,
ich hab sie so lieb.

[Kerz, 20. Mai 1915]

Wandernde Wolken

Sieh, wie die Wolken so ruhig wandern
nach endlosem Ziele.
Sie wandern viele
Tage und Nächte
und werden nicht müde.
Sieh, so vergehen unserer Liebe
endlose Stunden.
Und was unsre Herzen sich leise erkunden,
wir dürfen's nicht sagen,
wir wollen's tragen.

[Kerz], 25. Juni 1915

Mein Mädchen weint

Leg deinen Kopf an meine Brust,
da kannst du weinen, weinen,
mein traurig Lieb.
Fühl dieses Lebens tiefe Lust,
ob auch die Sterne trübe scheinen.
Leg an mein Herz dein nasses, trübes Auge,
dass es die heißen Tränen in sich sauge,
dass auch nicht eine sich davon verschwende!
Komm Liebchen, sieh, der Tag neigt sich zu Ende!
Leg deinen Kopf an meine Brust,
da kannst du weinen, weinen,
mein traurig Lieb.

Kerz, 21. Juli 1915

Als Gott die Freude unter die Menschen teilte

Als Gott die Freude unter die Menschen teilte,
eilte auch ich, auf den Knien,
in den Händen haltend den goldenen Pokal –
mein Herz –
bittend und flehend zugleich.
Auftat sich der Mund des Schöpfers
und, indem er einen Tropfen Wermut
Langsam in den Becher goss, sprach er:
Mich zu erkennen hab ich noch ein Zeichen,
dies will ich deinem Geiste reichen –
die Einsamkeit im Leide.
Zum Danke neigt ich tief mein Haupt,
trat still beiseit, betrachtend
die Gabe, die ich neu empfangen,
die, nach allen Seiten strahlend ein düster Licht.
Doch als mein Herz zu lieben angefangen,
fühlt ich die ganze Schwere jener Stunde,
und Mitleid hängt an jedermannes Munde,
nun, da mein Herz zu lieben angefangen.

Kerz, 27. Juli 1915

Nebel hüllt rings unser Haus

Nebel hüllt rings unser Haus,
kein Ausblick,
weder in die Ferne noch in die Tiefe.
Ich sitze draußen am Tisch,
früh,
indes die andern sich schlagen
um ein bisschen Schlaf,
das ein Gott ihnen nahm.

Nichts hör ich
als das endlose Rauschen des Wildbachs,
das Schellengeläute
von grasenden Kühen.
Da hinein flecht ich
meine brennenden Träume.
Meine Gedanken wandern
hinab zu Tal,
dorthin,
wo sie am liebsten sind,
zu dir, mein Kind.

Wie hab ich gebangt um dich
heute Nacht im Traum.
Ich wanderte
entlang einen Abgrund,
grundlos tief.
Warum? Wozu? Mein Leben
dahinzugeben
für nichts.

Der Weg steil und schmal,
Steine lösten sich
unter meinen Füßen.

Ich dachte
an dich, mein Lieb,
und erwachte
schwer atmend.
Dank dir, Mädchen,
dass du die bangen
Gefühle einer langen
Nacht verscheuchtest!

Und wieder dacht ich an dich.
Ich sah dich stehen
auf einsamer Felsenhöh
im Engelsgewand,
flatternd im Wind
dein gelöstes
dunkelgelocktes Haar.
Zu Füßen dir
eine jubelnde Menge
Männer und Frauen,
dir zuwinkend.
Du lächeltest mild.

Plötzlich
erhobst du dich über die Menge,
wie auf Flügeln
entschwebtest du lächelnd

über Tücherwehen
und Händewinken
hinweg,
über Freude und Jubel.
Einer nur war in der Menge,
der die Augen schloss
und sich den Tod wünschte.

Bulea, 4. August 1915

Tief in der Nacht

Tief in der Nacht
zuweilen im Traum
bin ich erwacht.
Goldener Sterne
strahlender Glanz;
endlose Ferne –
meine Seele ganz:
Endloses Sehnen,
träumendes Wähnen.
Sicheres Hoffen
mit freudigem Blick.
Stilles Beten
für dich und dein Glück!
Tief in der Nacht
zuweilen im Traum
bin ich erwacht

Neustadt (?), 1915

Ich habe gejubelt, habe gelacht

Ich habe gejubelt, habe gelacht,
habe vergessen,
was ich besessen,
hab mich gefreut
und dann wieder bereut.
Das alles in einer Nacht.

Neustadt, 14. August 1915.

Und wüssten die Blümlein im Garten

Und wüssten die Blümlein im Garten
auch von der Liebe Leid,
sie trügen in ihrem Warten
nicht solch ein buntes Kleid.
Und wüssten die großen und kleinen
sternlein, was Ach und Weh,
sie könnten so ruhig nicht scheinen
droben in lichtferner Höh.
Und müsst ich nicht dein gedenken
und schlösse der Sehnsucht mich zu,
dann würde mein Herz sich nicht kränken
und hätt vor der Welt seine Ruh!

Neustadt, 15. August 1915

Die Hände fromm gefalten

Die Hände fromm gefalten,
andächtig wie zum Gebet.
Ich hab die Treu dir gehalten
stets nur dein Glück erfleht.
Nun hast du mich doch verlassen,
treuloses Mädchen du.
Ich irr durch traumdunkle Gassen
und habe nicht Rast noch Ruh.

Neustadt, 16. August 1915

In meiner schmerzvollen Welt

In meiner schmerzvollen Welt
bin ich allein.
Kein Sonnenschein,
der sie erhellt.
Manchmal nur tief in der Nacht
seh ich's leuchten,
wie wenn aus feuchten
Nebeln der Morgen erwacht.
In meiner schmerzvollen Welt
ist nichts als Leid
zur Einsamkeit
innig gesellt.

Kerz (?), 7. September 1915

Nun senkt sich die Nacht

Nun senkt sich die Nacht
auf der Erde müdes Leid,
und Schmerz und Traurigkeit
sind innig bedacht.
Ob hinter Wolken und Sternen
nicht wo ein Licht noch glüht,
oder in endlosen Fernen
irgendeine Hoffnung erblüht?
Schmerz und stiller Tod
auf lächelnden, kalten Lippen,
ein Ewigkeitsnippen
von dir, du lieber Gott.

Kerz (?), 10. September 1915

Durchwachte Nacht!

Wachst du nun auch,
die lange, einsame Nacht,
an meinem Bett, mein Lieb?
Der Stunden graue Zahl eilt ihren Schritt.
Grausame Nacht,
heut wird das Lager,
wo sonst so liebend süß
dein Bild mir Schlaf und Träume überwachte,
heut wird dies Lager mir zur Qual!
Und Fieberbilder schwirren durch die Luft.
Es zieht die Unruh mir die Decke fort.
Mein Lieb ist weit –
an einem anderen Ort.
Schlaflose Nacht – grausam wie du!
Ach ich muss einsam
zwischen Sehnsucht und Erinnerung hocken,
und selbst der Sterne helles Licht
erscheint mir heute düster, fahl und trocken.
Des Morgens Dämmerschatten steigen auf,
wann schließt mein Auge sich zu?
Mein Lieb ist weit –
schlaflose Nacht – grausam wie du.

Kerz, 13./14. November 1915

Inneres Glück

Am Himmel schon die ersten Sterne blinken,
vom Walde her mich stummer Friede grüßt.
Nun mag der Tag in tiefe Nacht versinken,
ich habe wieder deinen Mund geküsst.
O Seligkeit, versüßt
von deinen Lippen der Seele Sehnen fortzutrinken.
Nun mag der Tag in tiefe Nacht versinken,
ich habe wieder deinen Mund geküsst.

in der Bahn, 31. Dezember 1915

Wenn doch dein Bildnis sprechen könnte

Wenn doch dein Bildnis sprechen könnte,
ein Wörtchen, das mein Herz so sehr entbehrt.
Wenn doch dein Mund sich leise auftun könnte,
zum Küssen hingeneigt.
Dann wär es nicht mehr Bildnis – Traum,
dann wär es Leben, warmes Leben.
Das fasst ich glühend heiß in meinem Arm
und drückt es schützend fest an meine Brust.

[Kerz], 29. Januar 1916

Schon will der Frühling in die Lande ziehen

Schon will der Frühling in die Lande ziehen,
mein Herz ist noch voll von Leid.
Könnt ich doch dieser Welt entfliehen,
fort in die Einsamkeit!
Die Pflicht hält mich mit Ketten fest,
die Pflicht, zu schaffen und zu leben.
Doch ach, mein Herz wünscht sich den Tod.
Es liebt und kann nicht Liebe geben.
Nun zittert und bangt es Tag und Nacht,
hält todestraurig Liebeswacht.
Einen Ort nur weiß ich, da hätte es Ruh:
Drei Spangen tief unterm Rasen.
Ach wär ich tot und könnt über mein Grab
der Sturmwind sein Liedchen blasen!

Kerz, 10. Februar 1916

Meine Wangen sind bleich

Meine Wangen sind bleich,
weiß wie der Schnee,
der draußen die Welt umlauert.
Mein Auge weint,
wenn ich das Bildnis seh,
um das mein Herze trauert.

[Kerz], 11. Februar 1916.

Leid nur Leid wo ich geh und steh

Leid nur Leid, wo ich geh und steh,
hab nirgends Rast noch Ruh.
Käm doch der Tod und löste mein Weh.
Man deckte mit Erde mich zu.
Hör ich die Mägdlein kommen,
singend die Gasse entlang,
mir will ihr Liedlein nicht frommen,
weil einst es die Liebste sang.
Sie ließ mich allein in Nacht und Tod,
nun muss ich ruhlos wandern,
muss weinen beim Morgen- und Abendrot.
Sie ließ mich und nahm einen andern.

Kerz, 11. Februar 1916

Bevor ich nun zu Bette geh

Bevor ich nun zu Bette geh,
will ich noch Gute Nacht dir sagen.
Und alles Sehnen, alles Weh,
das unsre Herzen beide tragen,
das will ich dankbar
jener Macht vertrauen,
die uns nach süßem Schlaf
den neuen Tag lässt wieder schauen.

[Kerz], 20. Februar 1916.

Mein Herz ist krank

Mein Herz ist krank,
und niemand fragt danach,
was drinnen tief die Seele drücken mag.
Mein Herz ist krank.
Des Morgens früh schon wach ich auf
und abends spät geh ich zur Ruh.
Du süßer Mund, küss mir die Augen zu,
bevor zu Ende meines Lebens Lauf.
Noch einmal nur in Deinen Armen
lass mich der schön verträumten Stunden
still gedenken,
dann will ich weiterziehn.
Gott hat Erbarmen.
Mein Herz ist krank,
und niemand fragt danach,
was drinnen tief die Seele drücken mag.

Kerz, 13. Februar 1916

Sag Liebchen

Sag Liebchen,
ist das Leben nicht schön,
wenn im Brautflimmer die Sterne
über den Häusern stehn?
Wenn durch die samtweichen Wolken
gleitet der volle Mond,
und tief in unseren Herzen
süß seliger Friede wohnt?
Sag Liebchen,
ist das Leben nicht schön,
und unsere Liebe nicht reich?

[Kerz], 19. Februar 1916

Deine Mutter lacht oft

Deine Mutter lacht oft,
wenn meine Liebe alles zu tun
bereit ist – für dich.
Sie lacht,
und mir schneidet es tief ins Herz.
Doch ich verzeih's, dass sie unbedacht
ihren Unmut an andern kühlt.
Sie hat wohl nie der Liebe Leid
und ihr Glück so stark gefühlt.

[Kerz], 20. Februar 1916

Tiefstehende Mondsichel

Am Horizonte hängt sie tief
wie meiner Seele letztes Lied,
das zitternd kaum hervorgewagt,
zurücksinkt und
in seiner eigenen Glut erstirbt.

[Kerz], 6. März 1916

Ich sah im Traum heut Nacht

Ich sah im Traum heut Nacht
die Gärten voller Blüten stehn.
Da bin ich jäh erwacht.
Wie konnt ein solches Wunder nur geschehn?
Das war, weil wieder mir dein Bild
ganz nah an meinem Herzen ruhte,
warm und weich.
Du, Lieb, du bist die Frühlingspracht,
du, meiner Seele Himmelreich.

[Kerz], 7. März 1916

Am Fensterrand

Ich lehnt am Fensterrand,
indes die Dämmerung zögernd, langsam
auf mein Dörfchen niederging.
Vom Garten her quoll süßer Duft
zu mir herein.
Des Frühlings Seele
fühlt ich lautlos weben.
So sanft
macht es mein Herz erbeben.
Ich träume noch ein Weilchen.
Da geht ein Schauer meinen Rücken nieder.
Die Sterne leuchten schon,
nun kommt die kühle Nacht.
Ach Gott – die Veilchen,
behüte meine blauen Veilchen!

Kerz, 28. März 1916

Wenn ein Sternlein fällt

Wenn ein Sternlein fällt,
droben am Himmelszelt.
Siehst du es auch, mein Kind,
diese glänzende, gleißende Bahn?
Wenn ein Sternlein fällt,
vergeht eine Welt.

[Kerz], 5. April 1916

An meine Gitarre

Du liebe Laute,
von der Zeit schon ganz verstaubt,
all deine Saiten sind zersprungen
und haben doch mein Leid so oft hinauf geklungen,
hin zu der Sterne Einsamkeit.
Nein –
für die Ewigkeit war es zu klein.
All deine Saiten sind zersprungen
und Seligkeit – ich hab es nie geglaubt.
Heut rühr ich wieder mit den groben Alltagshänden
behutsam deine Saiten an
und träume, Leben quillt rings von den Wänden,
vergangener Tage Leid, das nun zerrann.
Und wie der Ton an meinem Ohr vorüberzieht,
ist's halb ein Liebessehnen – halb ein Freudenlied.

Kerz, 9. Mai 1916

Es fragt dein Herz nicht

Es fragt dein Herz nicht, was das meine leidet.
Sieh, meine Seele ist ein trostlos Meer.
Und ist ein Stückchen Zeit nur, das uns scheidet.
Ach wenn ich tot – und schon begraben wär.
Am Tage fährt es müd durch meine Glieder,
die Nächte sind von Träumen schwer.
Gib mir das Glück an deinem Herzen wieder!
Ach wenn ich tot – und schon begraben wär.

Kerz, 4. Juli 1916

Von den Bergen rings

Von den Bergen rings
senkt der Frühling mildernd
seine Luft zu Tal.
Herz, in all dem Hoffen, Drängen
ward dein Sehnen dir zur Qual.
Durch die mondbeglänzten Gassen
irrst du sterneneinsam und verlassen.
O vergiss – es war einmal,
als die Lieb den Leidensweg noch nicht betrat.
Seither gehst du einsam
sterneneinsam
deines Lebens Pfad.

[Kerz], April 1916

Ich sterbe früh

Ich sterbe früh – ich fühls.
Das Leid um dich, mein Kind,
färbt meine Haare grau
und drückt mein Herz hinab.
Hab fünfundzwanzig Jahre kaum,
bin doch noch viel zu jung fürs Grab.

Ich sterbe früh.
Verzeih,
dass ich so lieb dich hab.

Kerz, 10?. Juli 1916

Abend

Die Sonne sinkt.
Mein Dörfchen prangt in Abendgluten.
Vielleicht muss irgendwo ein Herz verbluten,
daraus der Tag nun diese rote Farbe trinkt.
Und als ein letzter Seufzer
verhallt der Arbeit Lied.
Wie ist nun auch mein Herze
so müd, so müd ...
Sorgsam will ich es betten
zur Nacht,
dass von den Zaubertönen
es nicht erwacht.

Kerz, im Juli 1916

Du kannst der Nachtigall
die Stimme nehmen

Du kannst der Nachtigall die Stimme nehmen
und eines Malers Auge trüb verhüllen,
kannst Hände reg, zum Stillesein bequemen
und Erdedurst mit süßer Labe stillen.
Nur was ein leidend Herze oft bewegt,
was ruhlos Sehnen tief hineingesenkt
und was es duldet, was es trägt
in keines Menschen Haupt
sich dies zusammendrängt.

im August 1916

Heimatlos

Seit der Herbst zog ins Land
irr ich ruhlos umher
an fremdem Strand,
hab keine Heimat mehr.
Träumende Ufer blinken
still meiner Sehnsucht Lied.
Bald wird der Tag versinken,
eh mich die Sorge noch flieht.
Fallendes Herbstlaub wehet
der Wind vor mir her.
Wohin auch mein Auge spähet,
hab keine Heimat mehr!

im Oktober 1916

Durch meine Träume huscht ein Schatten oft

Durch meine Träume huscht ein Schatten oft
umdüstert alles Denken, Schauen.
Was ich vom Leben still erhofft,
verschwimmt, wie fernes Nebelgrauen.

undatiert [Oktober 1916?]

Wie geht der Tag heut frühe scheiden

Wie geht der Tag heut frühe scheiden,
und jede Stunde eine schwere Last,
ein Denkstein bittersüßer Leiden,
die du mir still bereitet hast.

undatiert [Oktober 1916?]

Schwermut

Die Schatten drücken meine Augen nieder.
Komm, Mädchen, sieh,
dein Liebster weint.
Das Leben griff mir hart ans Herz,
Ich höre Melodien –
Trauerlieder!
Der Frühling hängt von Blüten voll.
Zu viel – – –
Er lacht.
In leuchtend grüner Märchenpracht
treibt auch der Wind sein neckisch Spiel
und streut die weißen Blättchen gar
dem müden Träumer in sein Haar.
Der lehnt am Baum – und schließt den Blick:
O Leben sag – was nennst du Glück?

undatiert [vor 1918]

Gedichte aus Großschenk

Viel Mädchen kommen und gehen

Viel Mädchen kommen und gehen
die Gasse entlang,
bleiben oftmals stehen
und kichern bang.
Alle, alle sind sie schön,
mit Zöpfen schwarz und goldig.
Alle, alle nach mir sehn,
alle sind sie holdig.
alle, alle flüstern schlau:
Ist noch so jung – hat keine Frau!
Ein Mädchen lieb, nenn ich mein Eigen:
Mein ganzes Glück – drum lasst mich schweigen.

Großschenk, 21. Januar 1917

Regina

Wo ich sterbe,
das ist mir gleich.
Ich sterbe für dich,
du mein Himmelreich.
Wo ich begraben werde,
da ruhe ich wohl,
pflanzt du nur mit Blumen
meinen Hügel voll.

Großschenk, im Februar 1917

Sieh, wie die Sonne so lieblich strahlt

Sieh, wie die Sonne so lieblich strahlt.
Komm, lass uns ihr entgegeneilen,
und wenn sie Schatten aufs Dörfchen malt,
lass uns ein Stündchen noch verweilen.
Mein Herz, so übervoll von Glück
hat deine Liebe es gemacht,
drum weile diesen Augenblick,
dann kommt die lange dunkle Nacht.
Da bin ich wieder einsam und allein.
Nie hat sie mir Erfüllung noch gebracht.
Sieh, diesen hellen Sonnenschein
und wie das Leben lieblich lacht.

Großschenk, im Februar 1917

Trüber Abend

Mattschimmernd die Sterne scheinen.
Der Himmel hängt von Wolken schwer,
drückt auf mein krankes Herz so sehr,
ich möchte immerzu weinen!
Die Straßen, die ich sonst so gerne geh,
sind gramesmatt und leer.
Der Himmel hängt von Wolken schwer
wohin ich immer seh.

Großschenk, im März 1917

O lass kein Wort

O lass kein Wort uns diese Stunde stören,
ganz mein – ganz dein
woll'n im Gefühl einander wir gehören,
ganz mein – ganz dein.
Und wenn der helle Tag sich neiget,
wenn Schatten leis die Erde streifen,
die laute Freude um uns schweiget,
dann will ich dankbar deine Hände greifen
und demutsvoll an meine Lippen drücken.
Mein ganz allein,
dein ganz allein,
soll Liebe uns beglücken.

Großschenk, im Februar 1917

Die „klugen" Frauen

Hört auf, hört auf, Ihr „klugen" Frauen
und lasst euer „klügeres" Reden sein!
Was hilft es in die Wolken bauen
mit himmelsüßen Schmeicheleien?
Ihr seht mein jugendlich Erröten.
Das einzig ist für euch noch frei.
Doch könnt ihr eine Liebe töten,
Wo doch das Herz so fest und treu?

Großschenk, im März 1917

Frühling, du

Frühling, du
immerwährendes Verlangen,
bin auf deiner Spur gegangen
all die Tage, immerzu!
Hab ein Wiesenveilchen sacht
seinem kleinen Blühn entrissen.
Doch es duftet Tag und Nacht,
sind die Blättlein auch zerschlissen.
Frühling, du
immerwährendes Verlangen,
wer auf deiner Spur gegangen
hat nicht Ruh.

Großschenk, im April 1917

Blühender Baum

Blühender Baum,
träumst einen kurzen Traum!
Über Nacht
hast Du die Blüten hervorgebracht!
Morgen schon liegen die Blättchen all
vom Wind verstreut in Wald und Tal.
Trägst dein Frühlingsglück
nur einen Augenblick –
blühender Baum,
träumst einen kurzen Traum!

Großschenk, 15. April 1917

Eine Lerche

Eine Lerche noch so spät
im Abendhauch des stillen Tages.
Und lauschend steht die junge Saat,
indes die kühne Sängerin
ihr Loblied singt
der Sonne,
die längst unterging.

Kerz, 25.April 1917

Einmal

Einmal im Jahr knospen die Bäume – im Mai.
Einmal im Leben knospen Träume mancherlei.
Einmal im Jahr blühen die Bäume duftend schön.
Einmal im Leben alle die Träume leuchtend vergehn!

Großschenk, im Mai 1917 (?)

Abendfeier

Leg in den Schoß die müden, müden Hände,
geliebtes Weib, setz dich zu mir.
Der Tag neigt sich zu Ende.
Es träumt im Zwielicht rings der Garten schon,
die dunkelroten Rosen tief sich neigen,
und durch das abendliche stille Schweigen
zirpt nur die Grille ihren leisen Ton.
Lehn deinen Kopf an meine Brust,
dass du den Atem fühlst, der sich
glückstrahlend ihr entringt
und der in heimlich-süßen Weisen
dir meine Sehnsucht wiederbringt.

Großschenk, im August 1917

Und wieder geh ich in vertieftem Sinnen

Und wieder geh ich in vertieftem Sinnen.
Ich weiß nichts Schöneres heut zu beginnen.
Die Sonne brennt und auch der Weg ist lang,
drum folg ich meines Herzens Sehnsuchtsdrang:
Am Flusse will ein Stündchen still ich träumen,
der Welt entrückt, in grünen Uferbäumen.
Schon hüllt ein Weidenbaum mich ein
mit seinem golden-grünen kühlen Dämmerschein.
Langsam versinkt die Welt mir Stück für Stück,
ich träume wieder nur von Liebe und von Glück!
Ich denk an euch, ach könnt ich bei Euch sein,
Mein liebes Weib und meine Kinderlein!

Will alles Lastende heut von mir streifen,
fast kann das Wasser ich mit Händen greifen.
So spiegelglatt, geheimnisvoll und klar,
so wunderbar – ganz so, wie einst es war,
als an dem Ufer beide wir gesessen,
im Blütenrausch die Welt um uns vergessen!
Und dieses ruhig stille Gleiten
will seinen Zauber über meine Seele breiten:
In mir ist Friede – Nichts stört meine Ruh.
Ich seh dem neckischen Spiel der Fischlein zu.
Ein Wasservogel jetzt mit schrillem Schrei
verscheucht sie mir – nun ist er vorbei.
Wasserjungfern in schillernden Farben;
sitzen auf wiegenden Blütennarben,
öffnen und schließen unzählige Mal
ihre glänzenden Flügel im Sonnenstrahl.

am Alt, 4. August 1923

Und wieder geh ich in vertieftem Sinnen[*]

In all dem wonnigen Zaubermeer
versinkt die Welt langsam um mich her.
Zwischen bunten Blüten wohlig geborgen,
fühl ich mich frei von täglichen Sorgen.
In der Ferne gedämpft Kirchglockengeläute.
Ich lausche dem Klang! Ist Feiertag heute?

---

[*] Kuno Galter fügte am Abend desselben Tages dem Gedicht
weitere Verse hinzu. Das ursprüngliche Gedicht ist hier nicht
mehr wiederholt.

Meine Seele füllt eine Zaubermusik,
ein heimliches Läuten voll Sehnsucht und Glück.
Ich schließe die Augen und denke weit,
längst vergangener, seliger Zeit:
Ich irrte an Ufern der Wasser entlang,
ziellos, doch suchend, tagelang.
Ich suchte die Schönheit, im Herzen ein Klingen,
und niemand wollte Erfüllung mir bringen!
Die Sehnsucht im Herzen, so irrte ich dort
über Berge, durch Täler – immerfort.
Und eines Tages – denkst du der Zeit?
Wir suchten Erdbeeren im Wald, zu zweit,
deine dunklen Augen lachten mir zu.
Da wusst ich – drin stand es: Mein Glück bist du!
Und zögernd fasstest du meine Hand.
Du sprachst kein Wort – doch ich verstand.
Durch meine Träume klang's immerzu,
was nie wir gesprochen: Mein Glück bist du!
Und denkst du auch der Vollmondnacht,
Wo stumm wir am Fenster beide gewacht?
Die Mutter kam leisen Trittes herein,
ging schweigend und dachte:
Die müssen füreinander sein!
Die Tage gingen und der Jahre Zahl.
Wir standen beide vor dem Traualtar.
Mit Blumen war der Weg bestreut,
ein Märchentag, ich seh ihn heut.
Und dann der fette Hochzeitsschmaus,
die Gäste all im lieben Elternhaus.
Der Abschied und das Häuschen klein,

das unseres Glückes Wohnung sollte sein.
Und zögernd nahmen wir mit beiden Händen
vom Glück, das wir einander durften spenden.
Und wieder gingen Tage, Jahr um Jahr,
und alles blieb, wie einst es war.
Das Häuschen nur so niedlich klein,
erfüllte neuer, heller Sonnenschein,
als Kinderstimmen durch die Räume klangen
und Kinderfüßchen durch die Zimmer sprangen.
Was kam da uns, was unserer Freude gleich?
Kein König war wie wir, so froh, so reich.
Und dann – ein sonnenarmer Tag,
an dem ein Kindchen krank im Bette lag.
Nicht eines – vieler Tage Bangen
wo zwischen Tod und Leben wir gehangen.
Ein Wunder Gottes tat uns kund,
das Kind – es lebt und ward gesund.
Ob sie auch heute wohl mit hellem Singen
und sonnenfroh den Tag durchspringen?
Und denken ihres Vaters, der da träumt,
am Ufer hier die Zeit versäumt?
Ein Vogel auf den Schwingen trug
durch unsere Tage mich in raschem Flug.
Nun fallen müde mir die Augen zu,
doch in mir weiter klingt's: Mein Glück bist du!
Langsam versinkt die Welt mir Stück für Stück
und schlummernd auch, gedenk ich Dein:
Gibt's noch ein ander, größer Glück,
Als dich mein Weib – und meine Kinderlein?

           Hermannstadt, 4. August 1923

Mutter

Mutter – du bist wie des Frühlings
klingendes Vogellied,
das in mondhellen Nächten
über die Erde zieht.

Mutter – du bist wie des Sommers
wärmender Sonnenschein.
Nichts auf dieser Erde
kann ohne die Sonne sein.

Mutter – du bist wie des Herbstes
leuchtende, goldene Frucht,
die reift und auch im Sterben
die Freude der Andern sucht.

Mutter – du bist wie des Winters
weicher, glänzender Schnee.
Ich fühl deine linden Hände,
weiß ich mich in deiner Näh.

Des Frühlings Lieder verklingen,
verblasst ist des Sommers Schein.
Herbst und Winter sind kommen –
du gingst – und ich blieb allein.

[Großschenk?], 1940

Und wenn ich sterbe

Und wenn ich sterbe, weint nicht laut,
tragt still den Schmerz!
Der Tod ruft täglich Menschen fort –
ich bin nur einer von den Vielen.
Lasst eure Trauer stille sein!
Mein Leben war ja nichts
als nur ein kleines Schenken
von Liebe – selten nur, ein Licht.
Nun gebt mir auch ein Glück-Gedenken!
Und wenn ich sterbe, weint nicht laut,
tragt still den Schmerz,
lasst eure Trauer stille sein!

[Großschenk?], 1941

Schmetterling wilder

Schmetterling wilder, wo ist dein Haus?
Bald kommen die Abendsternlein heraus.
Fliegst über Blätter, schaukelst in Blüten,
sag, wer wird dich zur Nacht behüten?
Nun schwingst du dich auf in das Himmelsblau,
taumelst wie trunken über die Au.
Und hascht dich jemand – dann ist es aus.
Schmetterling wilder – du hast kein Haus!

[Großschenk?], 1942

Fahnenschwur[*]

Wir wollen treu zur Fahne stehn,
Zur Fahne treu – dem deutschen Lied geweiht!
Nein, nimmer darf es untergehn!
Wir stehen fest in Einigkeit!
Du deutsches Lied, voll deutscher Kraft,
Aus deutschen Kehlen töne fromm und rein!
Im Kampfe, den der Feind uns schafft,
Sollst du der helle Schlachtruf sein!
Wir wollen treu zur Fahne stehn,
Ein heilig Zeichen sie uns sei!
Herr! Lass uns nimmer untergehn,
    Wir bleiben treu:
Dem Glauben und dem Volke treu!

               Großschenk, undatiert

---

[*] Geschrieben vielleicht für die Fahnenweihe des Großschenker Jugendbundes am 2. November 1924.

Der Großschenker Kirchturm

Und er steht immer noch,
seit vielen hundert Jahren,
da aus dem Lande weit
die Ahnen kamen angefahren,

und aus der Wildnis, die hier war,
ein blühend Land erschufen.
Hart war die Faust und schwer die Hand
Und weithin klang der Stimme Rufen.

Du Turm warst ihnen stummes Zeichen.
Du riefst sie, drohte die Gefahr.
Es konnte dich kein Feind erreichen,
denn tapfer kämpfte deine kleine Schar.

So sahst du, stolzer Turm
Die Zeiten kommen, schwinden.
Du durftest den Geschlechtern all
Von dem Bestehen wahrer Treue künden.

Du schlanker Turm, der Zeiten Zeichen:
ein Finger, der empor uns weist,
dass wir nicht mutlos durch die Tage schleichen,
wenn auch manch Stück der wind zerreißt.

Du trotztest allen Stürmen dieser Zeit.
Und manch ein Riss ziert deine Wand.
Es färbten grau sich deine Steine,
doch du bleibst fest, hältst allen Stürmen stand.

Denn deine Kraft blieb jung.
Nicht Menschen durften sich erfrechen,
ob Freund, ob Feind,
dir deine Kraft zu brechen.

Und löst ein Stein sich aus dem Ring
und bröckelt nieder in den Sand:
Es fällt nur, was die kraft verlor
Und wem dein Blick entschwand.

Du stolzer Turm, in Sturmesglut gestählt,
bleibe auch uns das starke Zeichen
der Heimat und des Friedens – uns erwählt,
dass wir sie hüten und nicht weichen.

Großschenk, undatiert

Mondscheingedichte

Elegie

Links und rechts vom Wege Felder
und im Hintergrunde Wälder:
Leuchtend heller Mondenschein
hüllt die Abendlandschaft ein.
Wohin denkst du, kleines Mädel?
Hoch am Himmel Topfenknödel:
Dicke weiße Wolkenballen,
die sich durch den Äther krallen.
Möcht im stillen Deingedenken
dir die schönen Knödel schenken.

Großschenk, Frühjahr 1942

Mondscheinglocken

Leichte Blätter bewegt der Wind,
die von dem Monde versilbert sind.
Klingt wie ein Traumlied durch die Nacht,
da hab ich immer an dich gedacht.
Im Felde leises Rufen und Locken –
über der Welt läuten Mondscheinglocken.

Großschenk, Frühjahr 1942

Tempo

Fang mich Mädel, ich laufe geschwind,
schneller noch als der Abendwind.
Komm und bleibe nicht immer stehn,
fang mich, dass wir zusammen gehn.
Am Waldrand wartet ein stilles Glück,
der Mond wirft silbern sein Licht zurück.
Komm fang mich, tummle dich Du,
ich lauf sonst allein dem Glücke zu.

Großschenk, Frühjahr 1942

Mondscheinsonate

Mond, du silberner, stiller Gesell,
leuchtest durch den Abend so hell.
Der Tag war schwer, der Tag war voll,
nun alle Arbeit ruhen soll.
Komm lieber Mond und hülle uns ein
mit deinem milden, freundlichen Schein.
Bis wir von deinem Lichte trunken,
alle in friedlichen Schlaf gesunken.

Großschenk, Frühjahr 1942

Nun Gute Nacht

Freundlicher Mond – nun gute Nacht!
Hast mit mir so lange gewacht.
Was mich bewegte und was mich erfüllte,
silbern dein weicher Mantel umhüllte.
Schenktest mir Frieden und auch Ruh,
nun fallen mir müde die Augen zu.
Bald ist der neue Tag erwacht.
Lieber Mond – nun gute Nacht!

Großschenk, Frühjahr 1942

Späte und undatierte Gedichte

Schenker Heimatlied[*]

Schoink, tia biäst man Hoimetsuirt,
Un dech doinken ech fuirt uch fuirt.
Wä e Boimchen dot gedriwen,
Biäst tia mir äm Harze bliwen.
Hun ech uch de Wialt durchmeissen,
Näkend ken ech dech vergeissen.
Schoink, tia biäst man Hoimetsuirt,
Un dech doinken ech fuirt uch fuirt.

Schoink, tia läwer Hoimetheird,
Biäst mir iwer alles weirt.
Wiu um Nuassbrich aider Boimen,
Ech als Kaind kaind schpilln uch droimen,
Uch am Anger bläht der Ma....
Ainden blaiwen ech dir tra.
Schoink, tia läwer Hoimetheird,
Biäst mir iwer alles weirt.

Schoink, ta biäst man harz Gemon,
Iunen dech biän ech ellon.
Doinken ech un dech zeräck,
Wid vun Zeren nuass man Bläck,
Und ech terf et allen siun,
Dat ech dech äm Harzen driun.
Schoink, ta biäst man harz Gemon,
Iunen dech biän ech ellon.

---

[*] In Großschenker Mundart, für die Liedversion siehe Friedrich Untch: Großschenk in Siebenbürgen. Ein Heimatbuch. Thaur 1994, S. 14-15.

Schoink, tia biäst man Hoimetsuirt,
Un dech doinken ech fuirt uch fuirt.
Wiu der Veoter mech lëirt rëiden,
Uch de Muotter mech lëirt bëiden.
Ach, wä hëusttia mech behät,
Biäs ech vuier em Ielter knät.
Schoink, tia biäst man Hoimetsuirt,
Un dech doinken ech fuirt uch fuirt.

Schoink, tia läwer Hoimetheird,
Biäst mir iwer alles weirt.
Heierscht tia wä de Kloke klanen?
Af em Kircheréch se sanen.
Dot wuet ech bä dir hu fainden,
Solt tia gin uch manen Kainden.
Schoink, tia läwer Hoimetheird,
Biäst mir iwer alles weirt.

Schoink, tia biäst man Hoimetsuirt,
Solt et bleiwen fuirt uch fuirt.
Wuen ech schtarwen lëicht mech nia,
Af de Knieselbärch zer Riah.
Wiall diu schluifen iageschtëirt,
Ziagedakt miät Hoimeteierd.
Schoink, tia biäst man Hoimetsuirt,
Solt et bleiwen fuirt uch fuirt.

Großschenk, 3. Juni 1949

Heimat

Heimat – sprich leise dieses Wort!
Heimat ist Stille, ein heiliger Ort.
Heimat ist selige Kinderzeit.
Wie bist du, Heimat, mir so weit.
Heimat – du lässt mich nicht einsam sein,
Kinderjubel und Kerzenschein.
Freude und Liebe in jedem Blick.
Heimat, o seliges Kinderglück!
Heimat – du ziehst mich so schnell wie der Wind
zu den Hügeln, wo Vater und Mutter sind.
Heimat, du bist mir immer so nah.
Heimat – du bleibst und bist ewig da!

Großschenk 14. Januar 1951

Meiner Frau

Stille Straßen sind's,
die wir gemeinsam wandern,
unbekümmert
um den Lärm der andern.
Und im rüstigen Schreiten
fühlen wir die Zeit
heimlich uns entgleiten
hin, zur Ewigkeit.

Großschenk (?), undatiert

Konfirmandenzeit

Konfirmandenzeit – stille Zeit,
wie liegt die Seele offen und weit,
Strahlen des Lichtes sie wärmend umhüllen,
Strahlen der göttlichen Liebe sie füllen.
Konfirmandenzeit – stille Zeit.

Konfirmandenzeit – frohe Zeit,
Freude über der Erde breit,
Goldenes Leuchten, wie Sternenschein.
Kann das Leben noch schöner sein?
Konfirmandenzeit – frohe Zeit.

Konfirmandenzeit – heilige Zeit.
Komm, mein Heiland, ich bin dir bereit.
Komm, uns in seligem Gedenken
in diesem Mahl Gemeinschaft zu schenken.
Konfirmandenzeit – heilige Zeit.

Großschenk, undatiert

Und Tage gibt es

Und Tage gibt es,
die so heimlich sind
wie Blätterrauschen,
das der Frühlingswind
durch still verborgene Haine trägt,
und wenn es sich auch längst gelegt,
musst du noch lauschen.

Und Tage gibt es,
die so leuchtend sind
wie Herbstgold.
Du schreitest durch sie wie ein Kind
und deine Träume sich daran entzünden.
Und würdest du auch ganz erblinden,
du fühltest dieser Tage Gold.

Ja, Tage gibt es,
die vom Glück erfüllt
in unsere offnen Herzen strömen,
und manch ein Sehnen wird durch sie gestillt.
In deinem Herzen aber ist ein groß Verzeihn,
und alles um dich scheint dir klar und rein.
Von diesen Tagen darfst du nehmen.

[Großschenk, Weihnachten] 1960

Es kommen Stunden

Es kommen Stunden – o wie sind sie schön –
wo die Gedanken Wandern gehn.
Man sitzt und sinnt, man denkt und träumt
und fühlt doch, dass man nichts versäumt,
denn Gott, der aller Herzen lenkt,
den Seinen es im Schlafe schenkt.
Nimm deine Feder dann zur Hand,
und schick ein Brieflein durch das Land,
an einen Freund, der Freundin fein,
den Eltern und dem Schwesterlein.
Ein kleines liebes Dein-Gedenken,
denn solche Freude soll man schenken.
Sie bringt dir, Herta, eigenes Glück
und kommt auch, vielfach, stets zurück.

Großschenk 15. Februar 1956

Über die Bücher hinweg

Über die Bücher hinweg
durch das Dunkel der Nacht
kommen Gedanken zu dir
und suchen dein Herz zu ergründen!
Liebreiches Mädchen du!
Glückssonne meiner irrenden, suchenden Seele!

Undatiert

Märzstürme durch die Lüfte ziehen

Märzstürme durch die Lüfte ziehen,
und sonniges Lachen die Felder streift.
Freude und Zittern die Herzen durchglühen,
Wintersorgen sind abgestreift!
Wer mag da noch Trauer im Herzen finden,
wenn Lerche und Amsel den Frühling künden?
Am Waldsaum will ich ihn erwarten
in nimmermüdem Träumen.

undatiert

Was die Liebe sei

Was die Liebe sei – soll ich dir sagen:
Ein trunkenes Taumeln an sonnigen Tagen,
ein stummes Weinen, ein stilles Klagen,
ein Lächeln des Glücks – von Rosen getragen!

undatiert

Birke im Hof

Birke im Hof –
schön bist du wie eine Braut
in deinem zarten weißen grünen Kleid.
Birke im Hof –
wie liebe ich dich,
wenn im Frühling
deine kleinen Blättchen
sich leise wiegen im Winde.
Wie liebe ich dich,
wenn in deinen Zweigen
die Goldamsel flötet und pfeift.
Wie liebe ich dich,
wenn im Herbst
deine Blätter sich färben
und wie goldgelbe Perlen
durch die Finger gleiten.
So fallen leise
deine Blätter zu Boden,
und Herbstgold
hüllet dich ein.
Birke im Hof –
wie liebe ich dich,
und du weißt es nicht.

Undatiert

Mondfahl durch die Bäume schimmert

Mondfahl durch die Bäume schimmert
ein rötliches Licht,
das Licht
einer einsam fernen Hütte
im Wald.

Die Nacht ist regenschwer und nass.
Da zuckt ein Blitz!
Und lichterhell
sah ich die schlanken Masten.

Dann wieder alles still.
Mein Herz nur zittert
vom Schein der Dunkelheit
in stiller, trunkener Seligkeit.

Ich weine sacht –
mein Glück,
wie jäh es aufgeleuchtet
in traumverworrener dunkler Nacht.

undatiert

Ein Hühnerstall voller Gedichte

(anstelle eines Nachworts)

Es war ein angenehm warmer Tag im Frühjahr 1994 am Pfarrhof von Neppendorf. Die Konfirmation meines Patenkindes Sigrun hatte die Familie wieder einmal zusammengebracht. Wir waren auch aus Graz nach Siebenbürgen gekommen und saßen nun plaudernd in der Küche.

Ich erzählte von meinen Vorarbeiten zu einer Edition der Gedichte unseres Großvaters Kuno Galter, die sich bereits seit geraumer Zeit hinzogen. Ich war im Nachlass meines Vaters auf mehrere Tagebücher des Großvaters gestoßen und hatte, seit ein paar Jahren mit Nachforschungen begonnen, ob es in der Familie noch weitere gäbe. Auch an diesem Tag stellte ich die obligaten und wohlbekannten Fragen.

„Wir haben eine riesige Kiste mit den Papieren Großvaters, die bei der Übersiedlung aus Großschenk einfach zusammengepackt wurden. Sie steht seit Jahren hier am Pfarrhof", antworte Diet.

„Und niemand hat je hineingeschaut?"

„Nein, wir wollten zwar immer, aber ... Du weißt ja, wie das ist."

„Ja schon, aber ich wäre neugierig gewesen. Wo ist die Kiste?"

„Hinten im Hühnerstall."

„Im Hühnerstall?"

„Ja, sie ist so groß, dass es keinen anderen Platz gab."

Für Diet war das ganz normal, aber mein literarisch-historischer Geist revoltierte. Papiere, Texte, Handschriften, vielleicht Bücher im Hühnerstall – unvorstellbar.

Bevor wir das Thema weiterverfolgen konnten, gab es Mittagessen.

Zwei Bier und ein Schnäpschen später waren meine Gedanken in allgemein philosophische Sphären abgeschweift, als Diet sich mir erneut zuwandte.

„Wollen wir nachschauen?"

„Wo nachschauen?" Ich schreckte aus meinen Gedanken auf.

„In der Kiste. Im Stall."

Diet wunderte sich, dass mir die Sache plötzlich nicht mehr so bedeutsam war. Ich wunderte mich auch – siebenbürgischer Pálinka hat offenbar die Gabe, die Prioritäten der Welt leicht zu verschieben. Doch dann gewannen Neugierde und Interesse wieder die Oberhand.

Wir gingen in den Hof und weiter zum Hühnerstall. Dort angekommen, öffneten wir das Tor zum Gehege, und gingen hinein. Die Hühner machten uns gackernd und schimpfend Platz. Auf der Rückseite des Geheges befand sich die Holztür, die zum inneren Teil des Hühnerstalls führte. Wir öffneten sie. Gedämpftes Zwielicht nahm uns auf. Eine große, roh gezimmerte Holzkiste füllte den hinteren Teil des Stalles aus.

„Da ist sie – so wie wir sie damals aus Großschenk her-
gebracht haben."

Na ja, dachte ich, nicht mehr ganz so.

Das Holz hatte im Laufe der Zeit arg gelitten und wies
gerade im Deckel mehrere Löcher, Risse und fehlende
Bretterteile auf. Es gelang uns trotzdem, den Deckel
auch ohne Werkzeug zu öffnen. Ein Chaos an gebunde-

nen und ungebunde-
nen Seiten lag vor
uns. Tohuwabohu fiel
mir ein. Wüst ja, aber
nicht leer. Ganz im
Gegenteil, randvoll.
Und wo, bitte, war
der Geist Gottes?

Ich griff in die Kiste hinein und zog meine Hand mit ei-
nem unschönen Ausdruck wieder heraus. Eine weiche
klebrige Substanz haftete an meinen Fingern, eine Mi-
schung aus Eiweiß, Hühnerscheiße und Stroh.

„Die Hühner haben die Kiste wohl auch zum Eierlegen
verwendet", meinte Diet.

Ja, das hatten sie wohl – und zu anderem auch.

Nach einigen Minuten Gewöhnung konnten wir sogar im
Halbdunkel des Hühnerstalls die animalischen Ablage-
rungen von den Schriftstücken unterscheiden und un-
sere Suche beginnen.

Zahllose Bücher lagen – teilweise in beklagenswertem Zustand – oben auf. Dazwischen sahen wir eine Masse an Briefen, die nur notdürftig zu Konvoluten zusammengebunden waren. Dazwischen lagen No-  tizbücher – kleinere, größere, teilweise in blaues Packpapier gebunden – und jede Menge loser Zettel kunterbunt durcheinander.

„Wie sollen wir das durchsuchen? Das dauert Stunden", meinte Diet.

Doch mein Forschergeist war erwacht. „Fangen wir einfach einmal an."

Zuerst räumten wir alle Bücher auf eine Seite. Dabei stießen wir auf zwei große ledergebundene Bände einer Bibel, deren Einbände sich im Zustand der Auflösung befanden. Diet wusste, dass die sich seinerzeit im Arbeitszimmer Großvaters befunden hatten. Wir nahmen sie aus der Kiste heraus.

Dann wühlten wir uns durch die Berge an Briefen und Postkarten. Was hatte Großvater nicht alles aufgehoben:

Ein ganzes Konvolut von Briefen meines Vaters aus den 40ern und 50ern. Urlaubsgrüße von ungarischen Freunden, Einzahlungsbestätigungen, eine Jausenrechnung aus Berlin von 1913, sowie jede Menge an Skripten, Rechnungen und Einkaufzetteln. Und dazwischen fanden wir Tagebücher und Notizhefte, eng beschrieben in Großvaters klarer Kurrentschrift.

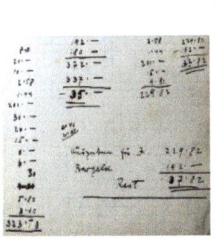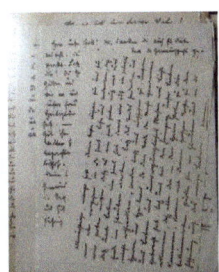

Umgeben vom unruhigen Gegacker der Hühner, die gar nicht verstehen konnten, warum wir die Ruhe ihres Stalles störten, blätterten wir in den Dokumenten. Unzählige Gedichte und Gedichtteile waren darin verstreut. Arbeit für Jahre hatte sich aufgetan.

Als wir nach einiger Zeit am Grund der Kiste angekommen waren, lag ein hübscher Stapel an relevanten Texten neben uns auf dem Stallboden.

„Die nimmst Du am besten mit.“

„Ja, aber … .“ Ich blickte Diet fragend an.

„Lass nur! Sie sind bei Dir besser aufgehoben als hier.“

Wir verließen den Hühnerstall, ich beladen mit den Textschätzen, Diet mit einem zufriedenen Lächeln. Draußen blickten wir auf die Uhr. Drei Stunden hatte unsere

„Schriftenarchäologie" gedauert. Wie gute Archäologen hatten wir nicht auf die Zeit geachtet und waren – ebenfalls wie gute Archäologen – ordentlich dreckig.

Seither erinnern mich die Tagebücher meines Großvaters nicht nur an seine romantisch-literarische Werbung um seine spätere Frau Jinni im Pfarrhof von Kerz, sondern auch an einen wunderbaren Nachmittag im Hühnerstall von Neppendorf.

Hannes Galter

Alphabetischer Index der Gedichte